Hans Bélart

# Friedrich Nietzsches Freundschafts-Tragödie mit Richard Wagner und Cosima Wagner-Liszt

SEVERUS Verlag

Bélart, Hans: Friedrich Nietzsches Freundschafts-Tragödie mit Richard Wagner und Cosima Wagner-Liszt. 2013
Neuauflage der Ausgabe von 1912
ISBN: 978-3-86347-477-5

Umschlaggestaltung: SEVERUS Verlag

Bibliografische Information der Deutschen Nationalbibliothek: Die Deutsche Nationalbibliothek verzeichnet diese Publikation in der Deutschen Nationalbibliografie; detaillierte bibliografische Daten sind im Internet über https://dnb.de abrufbar.

Der SEVERUS Verlag ist ein Imprint der Bedey & Thoms Media GmbH, Hermannstal 119k, 22119 Hamburg

---

SEVERUS Verlag, 2013
http://www.severus-verlag.de
Gedruckt in Deutschland

Hans Bélart

# Friedrich Nietzsches Freundschafts-Tragödie mit Richard Wagner und Cosima Wagner-Liszt

# Friedrich Nietzsches Freundschafts-Tragödie mit Richard Wagner und Cosima Wagner-Liszt

von

Hans Bélart

# Inhaltsverzeichnis.

# Abkürzungen.

NW. = Nietzsches Werke, klein Oktav, Bde. I—XV, Leipzig, Alfred Kröner.

NTA. = Nietzsches Werke, Taschenausgabe, Bde. 1—10, Leipzig, Alfred Kröner.

NBr. = Nietzsches Briefe, Bde. I—V, Leipzig, Inselverlag.

NBrA. = Nietzsches Briefe in Auswahl, Leipzig, Inselverlag.

NB. = Nietzschebiographie = Nietzsches Leben von Frau Förster-Nietzsche, Bde. I und II, Leipzig, Alfred Kröner.

W. = Richard Wagners gesammelte Schriften und Dichtungen, Bde. I—X, Volksausgabe, Leipzig, Siegel.

WA. = Wagnerautobiographie = R. Wagner, Mein Leben, München, C. F. Bruckmann.

WB. = Wagnerbiographie = Carl Friedr. Glasenapp, Das Leben Wagners, Bde. I—VI, Leipzig, Breitkopf & Härtel.

S. = Arthur Schopenhauers Werke, Bde. I—VI, Ausgabe Griesebach, Leipzig, Ph. Reclam.

O. = Overbeckbuch = C. A. Bernoulli, Franz Overbeck und Fr. Nietzsche, Jena, Diederichs.

R. = Raoul Richter, Fr. Nietzsche, II. Auflage, Leipzig, Dürrsche Buchhandlung.

A. = Lou Andreas-Salomé, Fr. Nietzsche in seinen Werken, Wien, Konegen.

L. = Henri Lichtenberger, die Philosophie Fr. Nietzsches, Dresden, C. Reißner. (Vergriffen.)

Si. = Georg Simmel, Schopenhauer und Nietzsche, Leipzig, Duncker & Humblot.

(Die übrigen benutzten Werke sind mit den vollen Titeln zitiert.)

# Vorrede.

## Rückblick auf meine Wagnerperiode.

Als ich vor reichlich sechs Jahren eine kleine Fachschrift „Nietzsche und Wagner; ihre persönlichen Beziehungen, Kunst- und Weltanschauungen“ (Berlin 1907) bearbeitete, hatte ich es in bezug auf Freundschaft und Feindschaft der beiden allein mit diesen zwei Genien zu tun; ein drittes Element war für mich dabei nicht vorhanden; Nietzsches Wagnertum war die Folge der Anhängerschaft zu Schopenhauer; die Trennung war aus Meinungsverschiedenheiten in Hinsicht auf Kunst- und Weltanschauungen hervorgegangen; der Gattin des Bayreuther Meisters war darin lediglich in einem Ausspruche Nietzsches über Parsifal und in einem Entwurfe zu einem Kondolenzschreiben gedacht. Heute habe ich gänzlich umgelernt; die vorliegende Schrift hat mit der früheren kaum einige Schatten von Ähnlichkeit in der Hauptsache. Hier tritt die große Frau in den Vordergrund; hier ist ein neues Problem aufgetaucht; über dieses nachzudenken und nachzuforschen veranlaßte mich in erster Linie ein persönliches Erlebnis, ein Schicksal, das mich, wie dereinst Nietzsche, auch bezüglich Bayreuth ereilt hatte. Hiebei zeigte sich mir der Fall Nietzsche-Wagner in verändertem Lichte. Zudem wurde ein Jahr später von Carl Albrecht Bernoulli in seinem Werke: „Franz Overbeck und Friedrich Nietzsche, eine Freundschaft“ die Ariadne-Cosimafrage angeregt; ein Gegenartikel in der österreichischen Zeitung „Die Zeit“, der Frau Förster-Nietzsche zur Verfasserin hatte, und in welchem sich diese überall auf den negativen Standpunkt stellte, bot des weiteren Anlaß, mich auch mit dieser Frage zu beschäftigen. Und heute ist sie nicht nur die große Frau, die Nietzsche so sehr bewunderte, der er selbst beim Erlöschen seines Ichbewußtseins noch die schönste Erinnerung bewahrte, sondern die hohe Frau hat auch selbst an Nietzsches Problemen den regsten Anteil genommen, und mit ihm im Bunde mit Wagner Freundschaft geschlossen, und wir schätzen die Einwirkung dieser Frau auf Nietzsche so hoch, daß wir nicht nur heute beinahe sagen können: Ohne Cosima für Nietzsche kein Triebschen, kein Bayreuth, sondern daß wir auch an der Tragödie der Freundschaft dieser Frau ihren Anteil zuerkennen müssen! Da die Nietzsche-Wagnerliteratur in den letzten Jahren überdies des Neuen vieles zutage förderte, war es mir, formlich und inhaltlich ein total neues Werk zu schaffen, zur eigentlichen Aufgabe geworden. Alles irgendwie Erreichbare, das von irgendwelchem Werte ist, findet hier seine Stätte; dem Freundschaftsverhältnisse ist in den Abschnitten III, IV und V an Briefen und Äußerungen der Frau Cosima ein erheblicher Platz eingeräumt; auch bezüglich der Meinungsverschiedenheiten in Kunst- und Weltanschauungen tritt sie hervor (Abschnitt VIII). Ganz besondere Sorgfalt erforderte die Ariadnefrage und die Klage der Ariadne (Abschnitte X und XIII); ihrer ist auch im Abschnitte „Weib und Ehe" und hervorragend im Epiloge gedacht. — Die Herausgabe dieser Schrift ist auf 1912 festgesetzt; es kann der Verfasser in diesem Jahre auf eine dreißigjährige Zugehörigkeit zum Wagnertume zurückblicken. Die erste Etappe war das Angelo Neumannsche Wagnertheater in Berlin 1882, während die aktive Beteiligung an der Wagnersache erst vier Jahre später erfolgte.

Wenn ich heute wie aus großer Ferne auf meine Wagnerianertätigkeit zurückblicke, auf jene Sonne meines Glückes, die lange Jahre heiß über mir im Mittage brannte, und in der ich als die großartigste Frauengestalt des XIX. Jahrhunderts die Witwe des Bayreuther Meisters erschaute, sehe ich mich in jene Zeiten versetzt, wo ich, gleich Nietzsche, als höchstes

Kunstwerk den „Tristan“ ersah (siehe Abschnitt I), den Wahrspruch Wagners in der „Mitteilung an meine Freunde“: „Nie konnte ein Künstler geliebt, nie seine Kunst begriffen werden, ohne daß er auch als Mensch geliebt, und mit seiner Kunst auch sein Leben verstanden wurde!“ zu meinen erhabensten Gütern zählte, und überdies als Anhänger Schopenhauers in jenem Tristanwerke das Allerseligste in der Kunst wähnte, von dem Nietzsche in „Ecce homo“ sagt: „Ich suche heute noch nach einem Werke von einer gleich schauerlichen und süßen Unendlichkeit, wie der Tristan ist, in allen Künsten vergebens!“

Diese Tristanliebe ist mir unverändert bis heute geblieben. Dagegen ersah ich seit meinen Nietzsche-Studien in Parsifal das große Kunstwerk der Lebensverneinung und, wie Raoul Richter sich ausdrückt, in dieser Kunst eine ungeheure Gefahr für die Biologie (Abschnitte Parsifalverdikt und Romantik). Der in jenem Kunstwerke ausgesprochene Asketismus, der katholische Symbolismus und die keineswegs protestantische Musik, in Verbindung mit den Lehren Wagners in den Schriften über Kunst und Religion, haben nicht auf mich die Wirkung, die Heinrich von Stein dahin ausgesprochen hat: „Wenn ich an Parsifal denke, so denke ich an ein Bild reiner Schönheit, an ein Seelenerlebnis rein moralischer Art!“ Stein, in dessen Nachlaß sich die Worte fanden: „Fliehe die Sünde, denn du kannst ihr nicht widerstehen! Glaube an den Erlösten!“ hätte übrigens die Hoffnungen, die Nietzsche auf ihn setzte, niemals erfüllen können. — Anderseits aber hegte ich von jeher die Meinung, daß der Parsifal einzig und allein in Bayreuth aufgeführt werden solle, weil der letzte heilige Wille des größten Künstlers des 19. Jahrhunderts erfüllt werden soll; immerhin hätte, falls ein Nacherbe nicht vorhanden wäre, der Rede Wagners zur Grundsteinlegung gemäß das deutsche Volk als eigentlicher Erbe des Bayreuther Vermächtnisses für die Fortsetzung der Festspiele Sorge zu tragen.

Wagnerbegeisterung und des Schicksals Tücke hatten im Grunde bei mir große Ähnlichkeit mit denjenigen Nietzsches. Was mich zu Wagner hinführte, waren, wie bei Nietzsche,

Feuerbach und Ring des Nibelungen, Schopenhauer und Tristan, und der Atheismus; auch die geniale Persönlichkeit stand, wie bei Nietzsche, auch bei mir im Vordergrunde. Was mich später vom Wagnertume trennte, läßt sich, wie bei Nietzsche, in zwei Hauptgruppen einteilen: in Meinungsverschiedenheiten in bezug auf Kunst- und Weltanschauungen und persönliche Beziehungen; und es waren ursprünglich nur Differenzen geringfügiger Natur, die mich zum Studium von Nietzsches Werken veranlaßten, von denen ich zuvor als eingefleischter Bayreuthianer ausschließlich die „Geburt der Tragödie" und „Wagner in Bayreuth" kannte, da die späteren Nietzschewerke zu den Wagnerketzereien zählten. Mit Gegenwärtigem habe ich bereits das fünfte Buchwerk über Nietzsche verfaßt, womit ich jedenfalls den Nietzsche-Längenrekord in bezug auf Druckzeilenzahl geschlagen habe (Nietzsches Ethik, Leipzig 1901; Nietzsches Metaphysik, Berlin 1904; Nietzsche und Wagner, Berlin 1907; Nietzsches Leben, Berlin 1910; und das gegenwärtige Werk, 1912). Hugo Dinger sagt in seiner „Dramaturgie als Wissenschaft" Bd. I S. 38 (Leipzig 1904): „Der einzig ernste und gefährliche Wagnerianer ist Nietzsche; warum? Weil er Wagner bis ins Mark verstanden hat; er griff dessen Werke in deren Inhalt an, nicht mit willkürlicher Normkritik!" In der Folge blieb für mich kein anderes Mittel mehr übrig, als zur Abwehr von Nietzsches gegen das Wagnertum geschmiedeten Waffen im alleräußersten Falle Gebrauch zu machen.

Was den Atheismus betrifft, so hatte Nietzsche Wagner in Triebschen kennen gelernt, als er Siegfried komponierte und auf der glückseligen Insel das Sakrament der freien Liebe, die Kriegserklärung an die Moral, wie Nietzsche im „Fall Wagner" sagt, feierte; Wagner war überzeugter Atheist. Nietzsche ging, wie es auch meine Überzeugung ist, davon aus, daß Gott, dessen Daseinsbeweise, wie Schopenhauer sagt, außer Kredit und Gebrauch gekommen sind, der größte Einwand gegen das Dasein, und eine Undelikatesse für uns Denker ist, und daß der Gottesgedanke dem Entwicklungsgedanken widerspricht, weil die höchste Stufe der Entwicklung nicht der Vergangenheit, sondern der Zukunft angehört. Daß ich, ehemals begeistert durch die Häckelbewegung, im Gegensatze zu Wagner, der nach Schopenhauer der Meinung war, es könne die Welt keine höheren Gattungen mehr hervorbringen, weil die Menschheit bereits bei der Willensverneinung angelangt sei, — auch Nietzsches Übermenschen freudig begrüßte, habe ich in „Nietzsches Leben" (Berlin 1910) erörtert.

Wie Nietzsche für die Wagnersache durch Vorträge und Buchwerke in seiner Schopenhauerperiode Propaganda machte, so hatte ich in den achtziger bis in die zweite Hälfte der neunziger Jahre die Presse dazu gewählt, der Journalismus war Mittel zum Zwecke geworden; auch schriftstellerisch in einer großen Reihe von Kunstartikeln und in Vorträgen wurde gewirkt; alles, was Wagner- und Bayreutherinteressen betraf, wurde, soweit es in meinen Kräften stand, lebhaft gefördert. Daneben wurde auch die Forschung über Wagner eifrig betrieben, und meine Tätigkeit nach Wagners Tradition in Ausgestaltung der Solistenrollen, speziell der Wagnerischen Frauengestalten, war von mir privatim wie auch in vierjähriger künstlerischer Verbindung mit dem Theater praktisch betrieben worden. (Vergl. des Verfassers „Taschenbuch der Wagnerkünstlerin", Leipzig 1898.) Hatte Nietzsche erfahren und es ausgesprochen, wie schwer noch in den siebziger Jahren es war, für Wagner öffentlich einzutreten, so war es trotz der Festspieljahre 1876 und 1882 und trotz des „Allgemeinen Wagnervereins" selbst in den achtziger Jahren noch keine Kleinigkeit, inmitten einer musikkonservativen Umgebung Kämpfer für Bayreuth zu sein! — Dabei mochte bedauert werden, daß die Familie Wagner ihren Wohnsitz in der Kleinstadt nehmen mußte; Nietzsche sagt in „Ecce homo": „Gesetzt ich fände die deutsche Kleinstadt, mein Instinkt würde sich zu sperren haben, um alles das zurückzudrängen, was aus dieser plattgedrückten und feigen Welt auf ihn eindrängt!" — Krähwinkel und Pfaffen erschienen mir stets als die größten Hemmnisse zur Entfaltung nach der Höhe. — Wie man aber in Bayreuth das Freundschaftsverhältnis Nietzsches und Wagners zu einem Jünger- und Meisterverhältnis umsetzen wollte, und in der offiziellen Wagnerbiographie es hieß, Nietzsche sei im Dienste des Genius Wagner gestanden, so ist mir im Jahre 1899, zu einer Zeit, als ich in meinem bisherigen Leben noch keinen Ketzergedanken über Wagner geäußert hatte, durch gewisse Handlungen fühlbar geworden, wie sehr im allgemeinen die Deutschen nur als Handlanger in Neubayreuth für die Kunst- und Kulturfragen beurteilt worden sind.

Wie Nietzsche in seiner Wagnerperiode, so war auch ich von den Erlösungsprinzipien der Wagnerschen Frauengestalten begeistert, die mich, neben der Vorliebe für die Tradition Wagners, dazu bewogen, meine künstlerisch-praktische Tätigkeit später allein auf die Frauenrollen zu konzentrieren. Und wie sich Nietzsche von Wagners fünfzig Welten fremder Entzückungen nicht trennen konnte, so gehörten auch zu den schönsten Erinnerungen meines Lebens diejenigen an meine praktische Tätigkeit in der Wagnerkunst so sehr, daß mich nach fünfzehnjähriger Pause, der Unterbrechung durch Arbeiten in der Hauptsache philosophischer Natur, die große Sehnsucht noch einmal die Praxis auf kurze Zeit zur Tat werden ließ. Wagner hat theoretisch und praktisch für seine Kunst eine große Schule hinterlassen nach dem Motto: Mir liegt einzig daran, daß man meine Werke so gibt, wie ich sie mir gedacht habe! — Dagegen hat Nietzsche in seiner Umwertungsperiode an Stelle der Erlösungsprinzipien die Liebe aus Fatalität gesetzt, und in bezug auf Wagner die Dressur und Selbstverleugnung des Künstlers eine Schule genannt, die eine Vergewaltigung der Kunst bezwecke.

In seinem Jünglings- und Mannesalter dachte Nietzsche von 1876—1888 mehrfach daran, das Weib zur Ehe zu suchen (siehe Abschnitt Weib und Ehe), um mit ihr in seiner Philosophie das Weglein zu finden, auf dem beide miteinander zur Ewigkeit gelangen könnten; Lou Salomé sagte nein, weil sie damals ihm den weit unbedeutenderen Paul Reé vorzog, nicht etwa als Geschmackssache, wie Bernoulli in „Overbeck und Nietzsche“ meint, sondern vielmehr aus dem Grunde der Rassenfrage. — Als enthusiastischer Wagnerianer erschaute ich in meinen jungen Jahren in der Wagnerkünstlerin die Geliebte, und gedachte aus ihr im Ehestande eine zweite Rosa Sucher zu machen; sie war aber andrer Meinung in bezug auf das Wesen der Ehe, und ich mußte auf Unkosten des inferioren Menschentums entsagen. Es ereignete sich bei mir, was Schopenhauer also ausdrückt: Der Verlust der Geliebten durch einen Nebenbuhler ist für den leidenschaftlich Liebenden ein Schmerz, der jeden andern übersteigt; die Abtretung der Geliebten ist das größte aller Opfer! — Wenn Bernoulli von Nietzsche sagt: er begehrte Lou heiß, und Nietzsche selbst von ihr als von einem Wesen ersten Ranges sprach, so habe ich dereinst in der Sieglinde jener Künstlerin die Inkarnation alles Wagnertums und in der Seligkeit ihres Besitzes mein irdisches Nirwana zu erblicken gewähnt.*

Wie einst gegen Nietzsche von Wagner und Gattin seinem Selbstbekenntnis gemäß die große Exkommunikation verhängt wurde, so auch durch die Witwe gegen mich, als vor sechs Jahren meine Gedichte an Wagnerkünstlerinnen (Stuttgart 1906), gewidmet der Tochter Richard Wagners, im Drucke erschienen waren, die doch ganz besonders Zeugnis von meiner Wagnerverehrung ablegten. Ich gehörte also wie Nietzsche zu jenen, denen das ewige eisige Schweigen zuteil geworden war. Nietzsche hat in „Ecce homo“ geantwortet: Auch scheint es mir, daß das gröbste Wort, der gröbste Brief noch gutartiger, noch honetter sind als Schweigen; solchen, die schweigen, fehlt es fast immer an Feinheit und Höflichkeit des Herzens; Schweigen ist ein Einwand, Hinunterschlucken macht notwendig einen schlechten Magen. —

---

* Nietzsche sagt: „Alles, was wir geliebt haben, als wir jung waren, hat uns betrogen!“ Sollte er recht haben?

Nichts in meinem Leben hat so schwer auf mir gelastet, als diese Exkommunikation, wodurch ich aller meiner irdischen Seligkeiten verlustig zu gehen wähnte. Wäre die Nietzschephilosophie in mir Fleisch und Blut geworden, so hätte ich mir Wesen wählen können, die Tanz und Putz und Torheit im Kopfe haben; bei mir hieß es aber: „Aus Todeswonne Grauen jagt's mich das Licht zu schauen, das dir, Isolden, scheint!" und noch heute lautet der Schmerzensschrei: „Mit blutender Wunde erjag' ich mir Isolden!" —

Den ausgesprochenen Bann empfand ich auch insofern als Grausamkeit, weil ich von jeher der Überzeugung lebte, daß die Pietät gegen Wagner auch auf seine Familienglieder, namentlich die herrlichen Kinder, sich zu erstrecken habe. Für die große Frau hegte ich höchste Bewunderung, und es fand meinen vollen Beifall, daß der Sohn Siegfried als Künstler und Mensch gefeiert wird. Wenn es aber für mich in meiner Wagnerperiode ein Allerheiligstes gab, so war es des Bayreuther Meisters wunderbare Tochter Eva, in deren Gestalt ich jenes höchste Ideal erschaute, das der Mit- und Nachwelt zur Nachahmung zu empfehlen wäre; mein Glaubensbekenntnis lautete von jeher: ich glaube an Arthur Schopenhauer, an Richard Wagner und an dessen Tochter Eva! — Es gab Jahre, wo ich mich mit dem Gedanken trug, ein Werk über Wagners Kunst- und Weltanschauung zu verfassen, von dem sich die Tochter sagen müßte: so ist es mein innerstes Denken und Fühlen! — Eine daherige Aufzeichnung besagt: „Wenn ich auf dieses edle Wesen blicke, wie sie in prachtvoller Erkenntnis, daß es nicht nur ihre erste Aufgabe sei, der hehren Mutter in sorgsamster Pflege das Leben zu erhalten, sondern auch ihr jedes Opfer zu bringen, um so das heilige Vermächtnis des Bayreuther Meisters der Welt eben durch jenes Erkennen auch mit wahren zu helfen, ihr Leben in Tat und Wandel gestaltet, so darf ich es aussprechen: Wer dermaßen, wie diese wundervolle Gestalt ihr ganzes Sein erfaßt, lebt, der trägt die Göttlichkeit in sich!" — Und darum fragte ich mich nach der Exkommunikation in furchtbarem Schmerze, ob denn wirklich das Geschick mich in der ganzen Schwere hat treffen müssen? Frau Cosima schrieb einst an Nietzsche: „Das höchste Glück auf Erden ist eine Vision!“ und wenn mir mein höchstes Glück als Evavision zum Schicksal geworden ist, so müssen wir es eben zu tragen wissen! — In meiner Jugend hatte sich bei mir Veranlagung und Anpassung zur Romantik gezeigt. Wie hatte ich auf die herrliche durchgeistigte Frau Cosima geblickt, und es bewundert, wie sie für Parsifal gelebt und gestritten, und das Wirken in diesem Sinne für Bayreuth und draußen zur Nachahmung empfohlen hatte! — Wenn auch das Ressentiment in jedes Mannes Brust einmal schöpferisch werden kann, so wird die heilige Kunst uns immer wieder auf die Bahn verweisen, die wir im Leben zu wandeln haben werden. Wie unendlich viel war mir an der Persönlichkeit dieser hohen Frau gelegen, und aus innerster Seele entrang sich mir der Sehnsuchtsruf: „Von der Wagnerliebe ließe ich nie, mir nähmen sie nie diese Liebe, sänk' auch in Trümmern Walhalls strahlende Pracht!“

Wagner hatte sich seiner Revolutionszeit in der christlichen Phase tief geschämt. Neben der Parsifalfrage war es sein heißester Wunsch, den Ring des Nibelungen, dessen Dichtung seiner Feuerbach-Hegelschen Periode entstammte, schopenhauerisch vollständig ausgedeutet zu wissen; aber die Versuche der Deutschen in der Philosophie waren mehr oder weniger mißlungen. Mitte der neunziger Jahre sollte jedoch dieses Sehnen des Bayreuthermeisters in Erfüllung gehen. Der Engländer Houston Stewart Chamberlain übertrug in einer großartigen Wagnerbiographie den Ring ins Schopenhauersche in einer Weise, daß die ganze zivilisierte Welt daran glaubte, sogar die deutschen Philosophen. In der Folge waren alle Werke Wagners vom „Fliegenden Holländer“ an aufwärts schopenhauerisch gedeutet worden; Raoul Richter ließ sogar Elisabeth im Tannhäuser Schopenhauers Ethik studieren. Wagner und seine Gattin waren erlöst; die hohe Frau sagte sich, daß in solcher glühender Begeisterung nur der Sohn an seinem Vater handeln könne, und dem Gedanken hatte sie die Tat folgen lassen!* — Hatte ich mich versündigt und mußte mich die ewige Verbannung treffen dafür, daß ich den Nibelungenring als Feuerbach-Hegelisch erklärte, und es nicht verwinden konnte, Siegfried und Brunhilde eine Verneinungsmoral zu lehren, daß ich „Wagner in Zürich" schrieb, daß ich Wagners Sakrament der freien Liebe an einem Beispiele aus Zürich in einer Stunde des schöpferischen Ressentiments erläuterte, und daß ich in der Folge Nietzsche studierte?! Es liegt mir durchaus ferne, gegen das Meisterwerk Chamberlains irgendwelchen Tadel zu äußern; aber wozu denn auf der andern Seite die Grausamkeit? In der katholischen Kirche kann durch Widerruf eine Rehabilitierung erfolgen, aber die hohe Frau zu Bayreuth restituiert in der Kunst- und Kulturfrage nicht. Meine ganze Vergangenheit ausgelöscht, zwei Menschenalter umsonst? Die Rechtswissenschaft, in der mir eine Richterstelle winken sollte, hatte ich verlassen, um meinen großen Neigungen für die Bayreuther Kulturbestrebungen zu folgen, und selbst meine spätern Universitätsstudien in der Philosophie wurden unterbrochen, weil ich inzwischen Schopenhauer gegen Kant eingetauscht hatte. Das gefährlichste für diese Frau war der Nietzsche der Umwertungsperiode geworden, und wer mit seinen Waffen fechten will, der wird zum Erdenfeinde Bayreuths gestempelt.

Durch diese Verbannung wurde ich auf ein fremdes Meer getrieben, wo es kein Nirwana, wohl aber das diesseitige Leben in seinem Preisgesange und den Kampf gegen alle Transcendenz gab. Als geborenem Idealisten ward mir das Los zuteil, gegen alle bisherigen Ideale kämpfen und die Verlogenheit des Idealismus feiern zu müssen. Da lernte ich die große Verachtung der Menschheit, und zog mich, wie es Nietzsche einst widerfahren ist, in die Einsamkeit zurück. Dort lernte ich wenigstens von dem, was Nietzsche im Vorworte zum „Antichrist" erwähnt: Eine Erfahrung aus sieben

* In der neuen illustr. Wagnerbiographie stützt sich Ch. auf eine Schrift Friedrich von Hausegger's. Diese ist aber doch gänzlich verfehlt.

Einsamkeiten, neue Lehren für neue Musik, ein neues Gewissen für bisher stummgebliebene Wahrheiten! Und als ich vor drei Jahren die Biographie Nietzsches (Berlin 1910) niederschrieb, jenes Genius, der trotz aller Lebensverherrlichung so tief, ja furchtbar am Leben gelitten hatte, und, entgegen aller Lebensbejahung, in wildem Schmerze ausrief: Ich verachte das Leben! —, und als ich mich hier zum Streiter gegen alles, was diesen Lehren widerspricht, erkor, wie viele Male habe ich in solchen Stunden die Leiden des Lebens gekostet, und wie oft stand dabei vor meinem geistigen Auge mahnend mein einstiger großer Lehrer Arthur Schopenhauer, der die Weltüberwindung durch Lebensverneinung als die allerhöchste Erscheinung aufgezeigt hatte. Und stündlich traten die seligsten Erinnerungen an Wagnertum und Bayreuth vor meine Seele, und ich kann wohl sagen, es gebrauchte beinahe übermenschlicher Kraft, um mit blutendem Herzen dem den Todkrieg machen zu wollen, was man doch im innersten Fühlen zu lieben gelernt hatte. Wotan hat mir durchaus kein Herz von Stahl in die Brust gelegt; aber die Worte: Werdet hart! hatte ich zu befolgen, weil die hohe Frau zu Bayreuth mich zu ihrem Erdenfeinde schien erkoren zu haben. Vielleicht aber hat auch durch das intensive Leiden die Liebe, die sich nicht aus dem Herzen reißen läßt, ihre Verklärung erhalten.

„Sie werden doch zu Ihrem 30jährigen Jubiläum nach Bayreuth gehen; der Bayreuthzauber wirkt stets so wohltuend auf Sie, wie sonst nichts in der Welt!“ fragte mich jüngst eine Dame. Wie? Sollte ich mich dort auf eine Bank setzen und Kreise in den Sand zeichnen, wie es einst ein großer Philosoph in Triebschen getan hat? — Dort in Bayreuth brennt die Sonne für die Festspiele ewigen Tag, aber das eisige Schweigen mir gegenüber zeigt, daß ich, trotz aller Wagnerideale, für die ich gekämpft und gestritten habe, aus der Liste gestrichen erscheine; in der Einsamkeit büße ich mein herbes Geschick, das die weite Welt wohl als Lohn für Verrat an der Wagnersache aufzufassen beliebt. „Nur wer sich mit mir wandelt, der ist mir verwandt!" sagt Nietzsche, und es bleibt uns unbenommen, uns dorthin mit ihm zu wandeln, wo unsere bisherigen Ideale in Dekadenze und psychische Entartung sich verwandeln werden. Eines nur kann mich davor bewahren, nämlich, daß mein einstiges Bayreutherglück mir als Evavision zum Schicksal geworden ist. Und so schildere ich denn das Verhältnis der beiden Genien Nietzsche und Wagner zueinander in gänzlich neuer Beleuchtung, aber niemals in einem Ergebnis, daß Nietzsche im Dienste des Bayreuther Meisters gestanden hätte. Meine Schilderung geht auf ein großartiges Freundschaftsverhältnis zwischen Richard Wagner, Cosima Wagner und Friedrich Nietzsche, und die Tragödie spielt sich nicht bloß zwischen den zwei Genien, sondern zwischen den Dreien ab, wo andere Dinge noch auf dem Spiele stehen, als bloße Meinungsverschiedenheiten in Kunst- und Weltanschauungen, wie man es bisher der Welt hat glauben machen wollen. Und wenn der Verfasser dies in schicksalsschwerer Stunde die Frage an die Norn zu stellen hat: Weißt du wie das wird? — so hat er die Antwort hierauf eigentlich selbst am Schlusse des Epiloges gegeben:

Wenn es auch für mich gegenüber der hohen Frau vielleicht nur noch eine Verehrung in der Sternenwelt geben sollte, wie es nach Nietzsche zwischen ihm und Wagner nur noch eine Sternenfreundschaft geben konnte, so habe ich doch die Hoffnung keineswegs aufgegeben, daß in der Verherrlichung und Vergöttlichung unseres kurzen irdischen Daseins mir mit den Kindern des Bayreuther Meisters jene Beziehungen wiedergegeben werden, in denen gleichsam mein Werden und Sein eingeschrieben ist. Es darf Frau Cosima in ihrem hohen Alter wohl kaum mehr zugemutet werden, mir für das in ihren Augen in Kunst, Religion, Moral und Philosophie Bedenkliche, das ich in den letzten Jahren infolge Exkommunikation zu vertreten hatte, Sühne zu gewähren. Richard Wagner beherrschte allerdings nicht nur die Weltliteratur, er hatte auch, wenn man auf sein Leben, seine Kunstwerke, seine Schriften blickt, für die verschiedensten Kunst- und Weltanschauungen einen geradezu ungeheuren Magen, weit mehr als Nietzsche, der durch seine Philologie und sein spezifisches Griechentum mehr als ein Jahrzehnt lang in der Bildung bezüglich der Weltphilosophie rückständig geblieben war. Den Kindern des Meisters gegenüber kann ich mich als Atheist aus Instinkt nicht mit unerfüllbaren Jenseitsversprechungen vertrösten lassen. Ihnen mag es vorbehalten bleiben, den alten Romantikerspruch: tout comprendre c'est tout pardonner, zur Anwendung zu bringen, eingedenk, daß in meinem Leben, Streben und Kämpfen für das Wagnertum stets die Frauenseele miteingeschlossen war; und hier appelliere ich an eine edle und göttliche Frauenseele! Die Tochter des Bayreuther Meisters darf versichert sein, daß in dieser Schrift nirgends eine Stelle der Kränkung auch nur beabsichtigt wäre. Mit dem, was ich vielleicht mit einer gewissen Schärfe über die hohe Frau vorgetragen habe, was ich über Parsifal und die Romantik ausführte, sollten nur die Umrisse von Grenzlinien angedeutet werden, innerhalb deren eine tief verwundete Mannesseele aufschreien zu dürfen glaubt. Nietzsche selbst, der an Stelle des Philosophen den Erlöser von der Moral setzen wollte, war ehedem tief mit der Romantik verwachsen gewesen, und er selbst hat die Frage gestellt, ob man bei Erschöpfung der Kombinationsmöglichkeiten nicht bei einem katholischen Glauben anlangen solle. — Meine eigenen Vorfahren sind der Überlieferung gemäß französische Hugenotten gewesen; aber die heute in Frankreich Lebenden dieses Namens scheinen katholisch zu sein; jedenfalls fließt in meinen Adern Romantikerblut. Als das Wundervollste bei Wagner waren mir immer die Erlösungsprinzipien seiner Frauengestalten erschienen. Was Wagner in seiner Kunst uns Hehres hier gab, das suchte ich in meinem Leben in die Tat umzusetzen, die Erlösung durch eine Frauengestalt, und da diese Erlösung ferne von jedem transzendentalen Elemente sein sollte, mußte ich, an Stelle eines Gottes, den Versuch ihrer Vergöttlichung wagen. Der Schluß der Vorrede und des Epiloges decken sich hier: das höchste Glück ist eine Vision. Jene meine Vision ist mir zum Verhängnis, zur Fatalität geworden; ich folge dem Schicksal, dem Unabwendbaren! —

**Der Verfasser.**

# Erster Teil.

## Nietzsches Freundschaft mit Wagner.

### I. Nietzsches durch „Tristan und Isolde" gewordenes Wagnerianertum.

Im ersten Bande ihrer Nietzsche-Biographie erwähnt Frau Förster-Nietzsche, daß im Jahre 1860 während der Gymnasialzeit zu Schulpforta die beiden Musikalischen der Vereinigung Germania, Gustav Krug, der nunmehr verstorbene Regierungsrat, und Fritz Nietzsche leidenschaftliche Wagnerianer geworden waren; „wie feierlich hatte sich mein Bruder noch 1858 allein für die klassische Musik ausgesprochen; er selbst fügte aber diesen Bemerkungen schon sehr bedeutsame Fragezeichen mit der Jahreszahl 1860 hinzu, es war also inzwischen der große Umschwung eingetreten. Bei der Begründung der Germania im Jahre 1860 wurde der Entschluß gefaßt, die „Zeitschrift für Musik" zu halten, die damals wohl das einzige Blatt war, welches für Wagner und seine Werke mit aller Kraft eintrat." — Es war die von Schumann begründete Zeitschrift, die damals den Bestrebungen Wagners zur Seite stand, später aber einen durchaus antiwagnerischen Standpunkt vertrat, und erst vor wenigen Jahren sich mit dem wagnerischen „musikalischen Wochenblatt" fusioniert hat. — „Mein Bruder", fährt Frau Förster fort, „schreibt im Herbst 1888 in seinen Jugenderinnerungen: Von dem Augenblicke an, wo es einen Klavierauszug für Tristan gab, war ich Wagnerianer! Ich glaube aber, daß es mein

Bruder schon etwas früher gewesen ist, und daß der Tristan die Gefühle nur bis zu einem gewissen Siedepunkte brachte." Sie registrierte dann, wie in den Ferien von Nietzsche und Krug bei ihr wahre Tristanorgien gefeiert wurden. „Die Überlieferung erzählt, daß eine taube Frau, die uns gegenüber wohnte, bei den schreckbaren Tönen, welche selbst ihr zu Ohren gedrungen waren, angstvoll zum Fenster hinausgefahren sei, weil sie geglaubt habe, es gebe Feuer." — Die von Frau Förster angezogene Stelle lautet in „Ecce homo": „Alles erwogen, hätte ich meine Jugend nicht ausgehalten ohne wagnerische Musik. Von dem Augenblicke an, wo es einen Klavierauszug des Tristan gab, — mein Kompliment, Herr von Bülow! — war ich Wagnerianer! Ich suche heute noch nach einem Werke von gleich gefährlicher Faszination, von einer gleich schauerlichen und süßen Unendlichkeit, wie der Tristan ist, ich suche in allen Künsten vergebens! Alle Fremdheiten Lionardo da Vincis entzaubern sich beim ersten Tone des Tristan! Dies Werk ist durchaus das Non plus ultra Wagners; er erholte sich von ihm mit den Meistersingern und dem Ring. Gesünder werden, das ist ein Rückschritt bei einer Natur wie Wagner. Ich nehme es als Glück ersten Ranges, zur rechten Zeit gelebt, und gerade unter Deutschen gelebt zu haben, um reif für dies Werk zu sein; soweit geht bei mir die Neugierde des Psychologen. Die Welt ist arm für den, der niemals krank genug für diese ‚Wollust der Hölle' gewesen ist; es ist erlaubt, es ist fast geboten, hier eine Mystikerformel anzuwenden." (E. 42/43.) — Daß Nietzsche Tristan liebte, bevor er Schopenhauer kannte, liegt in dem Umstande, daß Tristan die Dichtung des Individualismus ist, und Nietzsche durch und durch Individualist war; seine ganze Philosophie wurde, wie Lou Andreas sagt, zu einer ungeheuren Widerspiegelung seines Selbstbildes, und Nietzsche spricht im „Jenseits von Gut und Böse" davon, daß jede große Philosophie bisher das Selbstbekenntnis ihres Urhebers, und eine Art unvermerkter und ungewollter Memoiren ist; Nietzsche machte, wie Lichtenberger sagt, seine Persönlichkeit zum Angelpunkte seiner Philosophie. Im Gegensatze zu Wagners Dichtung des Universalismus, Ring des Nibelungen, ist das „flüchtige Wunderwerk", Tristan und Isolde, eben das Heldendrama des ausgesprochenen Individualismus. Nietzsches frühe Begeisterung für die Kunst mochte auch hier in die Wagschale fallen; die Kunst war Nietzsche stets ein Stimulans im Leben gewesen; noch in seiner Umwertungsperiode erklärte er die Kunst als Gegenbewegung zu den Dekadenzeformen der Religion, Moral und Philosophie.

Nachdem Nietzsche 1864 in Bonn Theologie und Philologie studiert hatte, und sein Philologielehrer Ritschl 1865 eine Berufung nach Leipzig erhielt, war auch Nietzsche als Philologiestudierender dahin übersiedelt.

In einem von ihm verfaßten „Rückblick auf meine Leipziger Jahre 1865—67" schreibt er vom Winter 1865/66: „Eines Tages fand ich im Antiquariat des alten Rohn Schopenhauers Hauptwerk, nahm es als mir völlig fremd in die Hand, und blätterte. Ich weiß nicht, welcher Dämon mir zuflüsterte: nimm dir dies Buch mit nach Hause! Zu Hause warf ich mich mit dem erworbenen Schatze in die Sofaecke, und begann jenen energischen und düstern Genius auf mich wirken zu lassen. Hier war jede Zeile, die Entsagung, Verneinung, Resignation schrie; hier sah ich einen Spiegel, in dem ich Welt, Leben, und eigen Gemüt in entsetzlicher Großartigkeit erblickte. Das Bedürfnis nach Selbsterkenntnis packte mich gewaltsam" (NBr. I 231/32). — Frau Förster bemerkt sodann in ihrer Biographie: „Seit Fritz Schopenhauer kannte und verehrte, hielt er überhaupt schreckliche Reden gegen die Weiber, daß ich mich nicht genug verwundern konnte, in Wahrheit war er von der zartesten Rücksicht gegen das weibliche Geschlecht erfüllt; somit schienen sich diese erstaunlichen Reden an ganz abstrakte Wesen zu richten" (NB. I 294). Schopenhauer hatte in seiner „Abhandlung über die Weiber" ausgeführt, daß das Weib weder zu großen geistigen noch körperlichen Arbeiten bestimmt ist, und daß es als das in jedem Betracht zurückstehende zweite Geschlecht erscheint. Immerhin erscheinen Nietzsches Arbeiten aus dem Herbst 1867 „Fragmente einer Kritik der Schopenhauerschen Philosophie", die eine Auseinandersetzung über Wille und Intellekt enthält, und Frühjahr 1868 „Gedanken zu Schopenhauer als Schriftsteller", worin er Schopenhauer als Philosophen eines wiedererweckten germanischen Hellenentums preist, als dilettantisch. Nicht besser steht es mit Nietzsche gegenüber Wagner. In seinen Aufzeichnungen vom Oktober 1866 schreibt er: „Es hat mich der Klavierauszug der ‚Walküre' von Richard Wagner begleitet, über die meine Empfindungen sehr gemischt sind, so daß ich kein Urteil auszusprechen wage; die großen Schönheiten werden durch ebenso große Häßlichkeiten und Mängel aufgewogen"; und im Oktober 1868 lobt er sogar die Jahnschen Kritiken über Wagner: „Ich gebe ihm darin recht, daß er Wagner für einen Repräsentanten eines modernen, alle Kunstinteressen in sich aufsaugenden und verdammenden Dilettantismus hält" (NB. I 250, 277). — Immerhin konnte er aus Schopenhauers Hauptwerk ersehen, daß Wagners Tristan der poetische Kommentar zu Schopenhauers Kapitel über die „Metaphysik der Geschlechtsliebe" ist. In der Tristandichtung ist der Wille zum Leben ununterbrochenes Leiden; die auf sinnlichen Besitz gerichtete Liebessehnsucht Tristans und Isoldens hebt sich nach erfolgter Selbsterkenntnis in Liebesverneinung auf. Da Tristan und Isolde im Reich der Sonne ihr Liebesreich nicht verwirklichen können, gehen sie in die Weltennacht ein; Nietzsche hat mit seinem zitierten spätern Ausspruche gemeint: sie ziehen dem trügenden Weltenleben, in dem sie ihren sinnlichen Begierden nicht leben können, die Wollust der Hölle vor. — Wir können Raoul Richter darin beipflichten, daß die einschlägige Stelle bei Schopenhauer dahin lautet: „Was zwei Individuen verschiedenen Geschlechts mit solcher Gewalt ausschließlich zueinander zieht, ist der in der ganzen Gattung sich darstellende Wille zum Leben. Sie fühlen die Sehnsucht nach einer wirklichen Vereinigung und Verschmelzung zu einem einzigen Wesen, um alsdann nur mehr als dieses fortzuleben. Diese Sehnsucht der Liebe, welche an den Besitz eines bestimmten Weibes die Vorstellung einer unendlichen Seligkeit knüpft, und einen unaussprechlichen Schmerz an den Gedanken, daß er nicht zu erlangen sei, diese Sehnsucht und dieser Schmerz der Liebe können nicht ihren Stoff entnehmen aus den Bedürfnissen eines ephemeren Individuums; sondern sie sind der Seufzer des Geistes der Gattung, welcher hier ein unersetzliches Mittel zu seinen Zwecken zu gewinnen oder zu verlieren sieht, und daher tief aufstöhnt. Die Gattung allein hat unendliches Leben, und ist daher unendlicher Wünsche, unendlicher Befriedigung und unendlicher Schmerzen fähig. Diese aber sind hier in der engen Brust eines Sterblichen eingekerkert; kein Wunder daher, wenn eine solche bersten zu wollen meint, und keinen Ausdruck finden kann für die sie erfüllende Ahndung unendlicher Wonne oder unendlichen Wehes" (S. II 629/30, 648). — Wagner war selbst Tristan gewesen, sein Werk war ihm zum persönlichen Erlebnis geworden; Mathilde Wesendonk war Isolde, der er entsagen mußte. Die Dichtung ist, wie Julius Kapp (R. Wagner, Berlin 1910) bemerkt, aus tiefstem Leiden geschöpft, von glühendster Sehnsucht und höchstem Wonnerausch eingegeben, und zeugt von tiefer Wahrheit. In seinen den Briefen und Tagebuchblättern an Mathilde Wesendonk beigegebenen Schriftstücken an seine Schwester schreibt Wagner über Mathilde-Isolde: Ihre Größe bestand darin, daß sie stets ihren Mann von ihrem Herzen unterrichtet hielt, und ihn allmählich bis zur vollsten Resignation auf sie bestimmte; was ihr diesen Erfolg ermöglichte, konnte nur die Tiefe und Erhabenheit ihrer von jeder Selbstsucht fernen Neigung sein, die ihr die Kraft gab, ihrem Manne sich in solcher Bedeutung zu zeigen, daß dieser, wenn sie endlich mit ihrem Tode drohen konnte, von ihr abstehen, und seine unerschütterliche Liebe zu ihr dadurch bewähren mußte, daß er sie selbst in ihrer Sorge für mich unterstützte." — Als Wagner ihr den letzten Akt der Dichtung überbrachte, schrieb er in sein Tagebuch: „In jenem wundervollen Augenblicke lebte ich allein; du weißt, wie ich ihn genoß; nicht aufbrausend, stürmisch, berauscht, sondern feierlich, tief durchdrungen, mild durchschwärmt, frei, wie ewig vor mich hinschauend. Von der Welt hatte ich mich schmerzlich, immer bestimmter losgelöst; alles war zur Verneinung, zur Abwehr in mir geworden; schmerzlich war selbst mein Lustschaffen, denn es war Sehnsucht, ungestillte Sehnsucht, für jene Verneinung, jene Abwehr das Bejahende, Eigene, sich mir Vermählende zu finden. Jener Augenblick gab es mir; ein holdes Weib, schüchtern und zagend, warf mutig sich mitten in das Meer der Leiden und Schmerzen, um mir diesen herrlichen Augenblick zu schaffen, mir zu sagen: Ich liebe dich! So weihtest du dich dem Tode, um mir Leben zu geben; so empfing ich dein Leben, um mit dir zu leiden, mit dir zu sterben, nun war der Zauber gelöst." Die Schilderung verrät Wagners großartigen Idealismus, und er bekundete dies auch in der Dichtung dadurch, daß er an Stelle des Zaubertrankes den Tristanblick „er sah mir in die Augen" als ausschlaggebend wirken ließ. Dagegen dachte Minna Wagner, seine erste Gattin, sehr real hierüber, als sie einer Freundin schrieb: „Tristan und Isolde ist und bleibt auch ein gar zu verliebtes und ekliges Paar." Sie hatte denn auch später „Hallo" gemacht, oder, wie Wagner bezeugt, „auf eine rohe und gemeine Weise in die Zartheit und Reinheit unserer Beziehungen hineingegriffen." — Zehn Jahre später, als Wagner die Meistersinger komponierte, und Frau Cosima von Bülow seit längerer Zeit als treue Gefährtin bei ihm weilte, schrieb er in etwas trockenem Stile an Frau Wesendonk: man sollte in der Liebe der Ehegatten die Möglichkeit erschauen, bis zu jener Überhebung über den individuellen Willenstrieb zu gelangen, wo nach gänzlicher Bewältigung dieses der Gattungswille sich zum vollen Bewußtsein kommt, was auf dieser Höhe denn gleichbedeutend mit vollkommener Beruhigung ist." (Wagner an Mathilde Wesendonk, S. 80.)*

* Über Wagner und Mathilde Wesendonk ist ein Werk nach dem gesamten Quellenmaterial und eigenen Forschungen vom Verfasser dies in Vorbereitung zum hundertsten Geburtstage des Meisters.

## II. Wagner und Feuerbach, Hegel, Schopenhauer.

„Im übrigen nehme ich mir vor, etwas mehr Gesellschaftsmensch zu werden; insbesondere hatte ich eine Frau aufs Korn genommen, von der mir Wunderdinge erzählt sind, die Frau des Professors Brockhaus, Schwester Richard Wagners", schreibt Nietzsche im Oktober 1868 an seinen Freund, Schulpfortenser und Leipziger Studiengenosse Erwin Rohde, nachdem er bei der reitenden Feldartillerie in Naumburg im Jahre 1867—68 sein einjähriges Dienstjahr absolviert hatte, und nunmehr als Privatgelehrter in Leipzig lebte (NB. I 277); und anfangs November konnte er demselben bereits die erste Begegnung mit Wagner melden. Wagner, welcher augenblicklich zu Besuch in Leipzig weilte, lebte damals in Triebschen bei Luzern, wo er die Meistersinger komponierte, und jene Schriften verfaßte, die mit der Bezeichnung „Reformation" zusammengefaßt werden. Wagners drei Hauptperioden in seinem großen Kunstschaffen werden als Revolutions- (Ringperiode), Reformations- (Epoche der Meistersingerkomposition) und Regenerationsperiode (Parsifalperiode) bezeichnet; zwischen Revolutions- und Reformationsperiode liegen Wagners Perioden des unbedingten Pessimismus (Tristanperiode) und des bedingten Pessimismus (Meistersingerdichtung). Die Revolutions- und die pessimistischen Perioden hatte Wagner bereits hinter sich, und stand also in der Reformationsperiode, als Nietzsche ihn persönlich kennen lernte.

Über das Kunstwerk Wagners in Beziehung zu Schopenhauers Philosophie äußert sich Raoul Richter dahin, daß das Wagnerische Kunstwerk zum guten Teil Schopenhauers Philosophie versinnbildlicht. Und so mußte Wagner, der bereits Holländer, Tannhäuser, Lohengrin und die Nibelungendichtung verfaßt hatte, ehe er eine Zeile von Schopenhauer gelesen, staunend bei der Bekanntschaft mit dessen Schriften gewahr werden, daß er sein eigenes Werk (Ring des Nibelungen) hier in begrifflicher Spiegelung wiederfand. Es gewährt einen der tiefsten Einblicke in das Verhältnis von Naivität und

Reflexion bei Wagner, zu beobachten, wie sich Wagner in unbeholfener Weise sein eigenes Werk aus der damals kuranten Feuerbachschen Philosophie zu deuten sucht, bis er aus der Lektüre der „Welt als Wille und Vorstellung" den wahren Schlüssel zum Verständnis des philosophischen Gehalts der eigenen Kunstwerke gewinnt (R. 118). Tatsächlich schrieb Wagner von Zürich aus an Röckl, daß er schopenhauerisch gedichtet, ehe er diesen Philosophen gekannt habe, gibt aber in seiner Autobiographie „Mein Leben" zu, daß er früher in Paris aus einem Schellingschen, später aus einem Hegelschen Buche sich in der Philosophie Befriedigung zu verschaffen getrachtet hatte, bis, „da diese Versuche mich alsbald abschreckten, einige Feuerbachsche Schriften mir den Grund hievon anzugeben geschienen hatten." Es erschreckte ihn jedoch anfänglich in Schopenhauers System der der Moral zugewandte Abschluß des Ganzen, weil hier die Ertötung des Willens, die vollständigste Entsagung als einzig wahre und letzte Erlösung aus den Banden individueller Beschränktheit in der Auffassung und Begegnung der Welt gezeigt wird. „So schnell glaubte ich der heiteren griechischen Weltanschauung, aus welcher ich auf mein ‚Kunstwerk der Zukunft' geblickt hatte, mich nicht entschlagen zu dürfen"; dann aber sei er durch Herwegh belehrt worden: „Ich blickte auf mein Nibelungengedicht und erkannte zu meinem Erstaunen, daß das, was mich jetzt in der Theorie so befangen machte, in meiner eigenen poetischen Konzeption mir längst vertraut geworden war. So verstand ich erst selbst meinen Wotan, und ging nun erschüttert von neuem an das genauere Studium des Schopenhauerschen Buches" (WA. 603/604).

Wagner suchte später die Einflüsse seiner Schriftwerke der Revolutionsperiode auf den „Ring des Nibelungen" in jeder Weise abzuschwächen. Als er im Jahre 1855 zu Konzertaufführungen in London weilte, traf er auch mit Malwida von Meysenbug, der Verfasserin der „Memoiren einer Idealistin", einer Anhängerin des „Kunstwerkes der Zukunft" zusammen, von den in diesem Buche entwickelten

Wünschen und Entwürfen für die Vervollkommnung des menschlichen Geschlechts er aber, wie er selbst in der Autobiographie mitteilt, unter der Anleitung Schopenhauers durch die Erkenntnis der tiefen Tragik der Welt, sowie der Nichtigkeit ihrer Erscheinungen in einem fast gereizten Sinne abgewendet worden war. „Es war mir peinlich, bei meinen Diskussionen hierüber von der enthusiastischen Freundin nicht verstanden zu werden, und ihr geradeswegs als Renegat einer edlen Sache zu erscheinen.“ Während der Tannhäuserzeit in Paris 1861 eröffnete ihm sodann die damals anwesende Malwida, daß sie als nunmehrige Anhängerin Schopenhauers zur Einsicht gelangt sei, es hätten ihre damals geäußerten und behaupteten Ansichten über Weltbeglückung ihrer Seichtheit wegen Wagner mit großem Verdruß erfüllen müssen (WA. 717/18). — Wagner hatte in seiner Schrift „Kunst und Revolution“ es ausgesprochen, daß nur die Menschheitsrevolution das wahre Kunstwerk erstehen lassen könne; die Revolution gäbe dem Menschen Stärke, Kunst und Schönheit; im „Kunstwerk der Zukunft“ wird die genetische Entstehung unserer zerrissenen modernen Kunst aus dem griechischen Gesamtkunstwerke behandelt; die hellenische Kunst muß zur allgemein menschlichen werden; alle Kunstarten sollen sich zum gemeinsamen Kunstwerk vereinigen; Künstler aber wird das Volk sein, das eine gemeinsame Not fühlt, und dem diese die Herrschaft des Lebens geben wird. In „Oper und Drama“ endlich schilderte er, daß sich die wahre Musik nur mit der Dichtkunst paaren kann; das Werk des heutigen Dichters soll derjenige Mythus sein, welcher sich aus dem menschlichen Bewußtsein rechtfertigt. Die dichterische Absicht hat der Musik den Stoff zur Gebärung vorzuführen; die Orchestersprache aber muß als dramatische Gebärde zum Mittel des Ausdrucks werden, und ihre Aufmerksamkeit auf das Drama, als den Gegenstand des Ausdrucks hinlenken, so daß sie in ihrer organischen Wirksamkeit eins ist mit demselben. (W. Ges. Schriften Bd. III.)

In seiner Autobiographie sagt Wagner, daß er in der letzten Periode seines Dresdener Aufenthalts sich zur Einführung in die Philosophie Hegels „Philosophie der Geschichte" gewählt habe; „hier imponierte mir vieles." Später, und namentlich in Zürich, war er von Feuerbach angeregt: „Die interessierenden Fragen gefielen mir ebenso ihrer tragischen wie sozial-radikalen Tendenz wegen sehr! Daß Feuerbach in die ästhetische Wahrnehmung unserer Sinnenwelt das, was wir Geist nennen, setzte, war es, was mich für die Konzeption eines allumfassenden, für die einfachste rein menschliche Empfindung verständlichen Kunstwerkes, des vollendeten Dramas im Momente seiner, jede künstlerische Intention verwirklichenden Darstellung als ‚Kunstwerk der Zukunft' so ergiebig unterstützte" (WA. 508/509). — Hugo Dinger sagt in seinem Werke: „Wagners geistige Entwicklung", daß in der Dichtung des Nibelungenringes die universalistische Weltanschauung das Grundprinzip bildet; allgemeine Menschenliebe ist die höchste Glückseligkeit des Menschen. Der Ring schildert die Auflösung des gegenwärtigen egoistischen Zeitalters in die Weltepoche der Liebe. Das Kunstwerk ist der vollkommenste Ausdruck der Menschlichkeit; die künstlerische Idee und Gestaltungskraft sind der höchste Ausdruck und das höchste Bildungsmittel der zur Sittlichkeit zu erziehenden Menschheit. Der künstlerische Ausdruck des Menschlichen muß die Töne als unmittelbare Äußerungen des Gefühls, und die logische Rede als Erweiterungen des Gefühlsmäßigen gleichmäßig in sich vereinigen. Die Musik muß mit Mimik, Plastik, Sprache und Dichtkunst zusammengehen; dem Dichter soll das von aller Konvention losgelöste Reinmenschliche zum Stoffe dienen, und letzteres im reinen Mythus sich finden. —

Wie stellte sich aber Wagner in bezug auf Tragödie und Musik zu Hegel? Dinger zitiert in seiner „Dramaturgie als Wissenschaft" die Theorie Hegels über die Tragödie aus dessen „Vorlesungen über Ästhetik", der wir folgendes entnehmen: Durch das Prinzip der Besonderung, dem alles unterworfen ist, was sich in die reale Objektivität hinaustreibt, sind die sittlichen Mächte wie die handelnden Charaktere unterschieden in Rücksicht auf ihren Inhalt und ihre individuelle Erscheinung.

Werden nun diese besonderen Gewalten, wie es die dramatische Poesie erfordert, zur erscheinenden Tätigkeit aufgerufen, und verwirklichen sie sich als bestimmter Zweck eines menschlichen Pathos, das zur Handlung übergeht, so ist ihr Einklang aufgehoben, und sie treten in wechselseitiger Abgeschlossenheit gegeneinander auf. Das wechselseitige Handeln wird dann unter bestimmten Umständen einen Zweck oder Charakter durchführen, der unter diesen Voraussetzungen, weil er in seiner für sich fertigen Bestimmtheit sich einseitig isoliert, notwendig das entgegengesetzte Pathos gegen sich aufreizt, und dadurch unausweichliche Konflikte herbeileitet. — Das ursprünglich Tragische besteht nun darin, daß innerhalb solcher Kollision beide Seiten des Gegensatzes für sich genommen Berechtigung haben, während sie anderseits dennoch den wahren positiven Gehalt ihres Zwecks und Charakters nur als Negation und Verletzung der anderen, gleichberechtigten Macht durchzubringen imstande sind, und deshalb in ihrer Sittlichkeit, und durch dieselbe ebensosehr in Schuld geraten. So berechtigt als der tragische Zweck und Charakter, so notwendig als die tragische Kollision, ist daher drittens auch die tragische Lösung dieses Zwiespalts. Durch sie nämlich übt die ewige Gerechtigkeit sich an den Zwecken und Individuen in der Weise aus, daß sie die sittliche Substanz und Einheit mit dem Untergange der ihre Ruhe störenden Individualität herstellt. Denn obschon sich die Charaktere das in sich selbst Gültige vorsetzen, so können sie es tragisch dennoch nur in verletzender Einseitigkeit widersprechend ausführen. — In der Tragödie geht das ewig Substantielle in versöhnender Weise siegend hervor, indem es von der streitenden Individualität nur die falsche Einseitigkeit abstreift, das Positive aber, was sie gewollt, in seiner nicht mehr zwiespältigen affirmativen Vermittlung als das zu Erhaltende darstellt." — Dinger sagt, daß das ewig Substantielle nichts anderes als der absolute Geist ist, der sich durch Position, Negation und Aufhebung des Widerspruchs in eine höhere synthetische Einheit als Weltprozeß entwickelt. Die beiden gleichberechtigten Mächte sind

Sein und individuell ethisches unwillkürliches Postulat; die Allgemeinheit ist die These, der dagegen revolutionierende Held die Antithese; die Synthese besteht in der Gewinnung einer höhern Idee. Das Tragische wird schließlich ein Kampf der Ethik gegen die Moral. Das Moment der Erhebung am Schlusse gibt sich nicht nur im subjektiven Gefühle, sondern auch objektiv in der Gewinnung eines höhern Niveaus der geistig sittlichen Entwicklung kund. So kämpfte Siegfried gegen Wotan, und so wird am Schluß der Götterdämmerung dem bleibenden Geschlechte blühenden Lebens des Wissens heil'ger Hort zugewiesen. (Dinger, Dramaturgie als Wissenschaft, Bd. I, S. 197/199.)

Der Vorwurf Nietzsches an Wagner im spätern „Fall Wagner", daß er die M u s i k nach Hegel als I d e e aufgegriffen habe, hängt damit zusammen, daß Wagner in „Oper und Drama", dritter Teil, sich auf Hegel stützt, und unter anderem sagt: Der lebengebende Mittelpunkt des dramatischen Ausdruckes ist die Versmelodie des Darstellers; auf sie bezieht sich als Ahnung die vorbereitende absolute Orchestermelodie; aus ihr leitet sich als Erinnerung der Gedanke des Instrumentalmotives her (W. Ges. Schriften, Bd. IV).

Anders lehrte S c h o p e n h a u e r. Nach ihm ist die Welt meine Vorstellung und mein Wille; der Gegensatz der bloßen Erscheinung (Vorstellung) ist dasjenige, was wir in unserm Selbst als Willen empfinden. Dieser Wille verleiht, als allein wahrhaft Reales und Metaphysisches, in einer Welt, in der alles nur Erscheinung, bloße Vorstellung ist, jedem Dinge die Kraft, vermöge dessen es da sein und wirken kann; während der Wille metaphysisch ist, ist der Intellekt, durch den das Bewußtsein bedingt ist, physisch. Der Wille äußert sich in B e j a h u n g und V e r n e i n u n g zum Leben. In der Bejahung stellt er sich dar als Geschlechtstrieb zur Erhaltung der Generationen, und als Trieb zur Selbsterhaltung. In der Verneinung wird die ganze durch Auffassung der Ideen erwachsene Erkenntnis des Wesens der Welt zum Quietiv des Willens, wodurch dieser selbst sich aufhebt. Diese Weltüberwindung durch Verneinung wird als die bedeutsamste Erscheinung in der Welt benannt. — Die Erkenntnis des fremden Leidens aus dem eigenen, und diesem gleich gesetzt, ergibt die reine Liebe, die ihrer Natur nach Mitleiden ist; dieses jedem Menschen angeborene Mitleiden ist die alleinige Quelle nichtegoistischer Handlungen; es stellt sich als Fundament und Triebfeder aller Moral dar. — Es erscheint geradezu als ein Grundfehler des Christentums, daß es den Menschen widernatürlicherweise losgerissen hat von der Tierwelt, der er doch wesentlich angehört, denn es soll das ewige Wesen, das wie in uns, auch in allen Tieren lebt, als solches erkannt, geschont und geachtet werden (S. Bd. I, II, III, V). — Schopenhauer preist als Gipfel der Dichtkunst das Trauerspiel; es ist der Widerstreit des Willens mit sich selbst, welcher hier, auf der höchsten Stufe seiner Objektivität, am vollständigsten entfaltet, furchtbar hervortritt. In diesem Individuum tritt er gewaltig, in jenem schwächer hervor, bis endlich die Erkenntnis, geläutert und gesteigert durch das Leiden selbst, den Punkt erreicht, wo die Erscheinung sie nicht mehr täuscht, die Form der Erscheinung, das principium individuationis, von ihr durchschaut wird, der auf diesem beruhende Egoismus eben damit erstirbt, wodurch nunmehr die vorhin so gewaltigen Motive ihre Macht verlieren, und statt ihrer die vollkommene Erkenntnis des Wesens der Welt, als Quietiv des Willens wirkend, die Resignation herbeiführt, das Aufgeben nicht bloß des Lebens, sondern des ganzen Willens zum Leben selbst. — Bei der Tragödie wenden wir uns vom Willen zum Leben selbst ab; wir erkennen dabei, daß noch etwas anderes an uns übrig bleibt, was wir aber bloß als negativ bekennen, als das, was nicht das Leben will; die Wirkung des Trauerspiels hebt uns über den Willen und sein Interesse hinaus (S. I 334, II 509). — Was die Musik betrifft, lehrt Schopenhauer: Die adäquate Objektivation des Willens sind die Ideen; die Erkenntnis dieser durch Darstellung der einzelnen Künste anzuregen, ist der Zweck aller Künste außer der Musik. Jene alle objektivieren den Willen nur mittelbar, mittels der Ideen, und da unsere Welt die Erscheinung der Ideen in der Vielheit ist, so ist die Musik, da sie die Ideen übergeht, auch von der erscheinenden Welt ganz unabhängig. Die Musik ist eine so unmittelbare Objektivation und Abbild des ganzen Willens, wie die Welt selbst es ist, ja wie die Ideen es sind, deren vervielfältigte Erscheinung die Welt der einzelnen Dinge ausmacht. Die Musik ist also Abbild des Willens selbst, dessen Objektivität auch die Ideen sind, deshalb ist ihre Wirkung so viel mächtiger, als die der andern Künste. Wir können die erscheinende Welt und die Musik als zwei verschiedene Ausdrücke derselben Sache ansehen, welche selbst daher das allein Vermittelnde der Analogie beider ist. Die Musik stellt zu allem Physischen der Welt das Metaphysische, zu aller Erscheinung das Ding an sich dar; sie gibt den innersten, aller Gestaltung vorhergängigen Kern; eine vollständige Erklärung der Musik in Begriffen müßte auch eine Erklärung der Welt in Begriffen, oder einer solchen ganz gleichlautend, die wahre Philosophie sein. Über die in Worten ausgedrückte Empfindung oder die dargestellte Handlung gibt sie die tiefsten, letzten, geheimsten Aufschlüsse, spricht das wahre Wesen derselben aus, und läßt uns die innerste Seele der Vorgänge und Begebenheiten erkennen. (S. I 346/48, II 526.) — Raoul Richter stellt Wagner als Gesamtkünstler dieser Schopenhauerphilosophie hin, und sein Werk als der künstlerische Spiegel der metaphysischen, ethischen und religiösen Bedeutung der Welt, wie sie unter der Optik des Schopenhauerschen Geistes erscheint. Dies würde aber nach unserer Darlegung nicht für den Nibelungenring, und nur in letzterer Beziehung für Meistersinger und Parsifal gelten, in ersterer Beziehung, als philosophischer Gesamtkünstler, allein für Tristan, der Wagners unbedingte Periode des Pessimismus repräsentiert. Hier ist die Lichtwelt die Welt der Täuschung, des Scheines und Truges, hier flucht der Held der Bejahung des Willens zum Leben; Tristan und Isolde gehen ins Reich der Weltennacht ein, das außerhalb der Vorstellungen von Zeit und Raum liegt. Hier ist die Kunst das Wahngebilde, das über die Welt des Leidens hinwegtäuscht; hier fördert die Musik allein das wahre Erkennen der Welt in ihrem letzten Grunde. Die Musik ist aber nicht nur eine umfassende Idee der Welt, sondern geradezu der Urgrund alles Dramatischen (Dinger, Wagners geistige Entwicklung). Und hier hat Wagner in seiner Beethovenschrift eine Theorie über das Drama aufgestellt, die sich auf Schopenhauers Lehre stützt, und, was die Stellung der Musik anbetrifft, auch für die Meistersinger Geltung hat, während für Parsifal noch wesentlich andere Momente hinzukommen. — Wagner sagt diesbezüglich: Die Musik schließt das Drama ganz von selbst in sich, da das Drama wiederum die einzige der Musik adäquate Idee der Welt ausdrückt. Das Drama überragt ganz in der Weise die Schranken der Dichtkunst, wie die Musik die jeder anderen Künste dadurch, daß ihre Wirkung im Erhabenen liegt. Wie das Drama die menschlichen Charaktere unmittelbar sich selbst darstellen läßt, so gibt uns eine Musik in ihren Motiven den Charakter aller Erscheinungen der Welt nach ihrem innersten Ansich. Die Bewegung, Gestaltung und Veränderung dieser Motive sind analogisch nicht nur einzig dem Drama verwandt, sondern das die Idee darstellende Drama kann in Wahrheit einzig nur durch jene so sich bewegenden, gestaltenden und sich verändernden Motive vollkommen klar verstanden werden. Das wirklich vor unseren Augen sich bewegende Drama als sichtbar gewordenes Gegenbild der Musik, wo das Wort und die Rede einzig der Handlung, nicht aber dem dichterischen Gedanken angehören, vermag einzig die Musik zu bestimmen. Das ganz von der künstlerischen Tat des Musikers belebte und gebildete Kunstwerk müßte auch die vollendetste Kunstform bieten, in welcher, wie für das Drama, so besonders auch für die Musik, jede Konventionalität vollständig aufgehoben sein würde. — Die neue Form der dramatischen Musik muß aber, um wiederum als Musik ein Kunstwerk zu bilden, die Einheit des Symphoniesatzes aufweisen, und das erreicht sie, wenn sie im innigsten Zusammenhange mit demselben über das ganze Drama sich erstreckt. Diese Einheit ergibt sich dann in einem das ganze Kunstwerk durchziehenden Gewebe von Grundthemen, welche sich gegenüberstehen, ergänzen, neugestalten, trennen und verbinden. (W. Bd. IX 105/106, 112; X 185.)

## III. Erste Freundschafts - Dokumente.

Unterm 9. November 1868 schreibt Nietzsche an Erwin Rohde, daß er von einem Bekannten Mitteilung bekommen, Wagner wäre in strengstem Inkognito bei seinen Verwandten in Leipzig. „Nun hatte die Schwester Wagners, Frau Professor Brockhaus, jene bewußte gescheute Frau, auch ihre gute Freundin, die Ritschelin, ihrem Bruder vorgeführt; Wagner spielt in Gegenwart der Frau Ritschl das Meisterlied, das ja auch Dir bekannt ist, und die gute Frau sagt ihm, daß ihr dies Lied schon wohlbekannt sei, mea opera! Freude und Verwunderung Wagners; gibt allerhöchsten Willen kund, mich inkognito kennen zu lernen!" — Die Meldung war Nietzsche von einem Bekannten im Theatercafé gemacht worden. Die Begegnung konnte am nächsten Sonnabend nicht stattfinden, „da Richard mit einem ungeheuren Hute auf dem Schädel ausgegangen war"; dagegen wurde Nietzsche von der Familie des Professors Hermann Brockhaus auf Sonntag abend eingeladen. Nietzsche, in der Meinung, daß große Gesellschaft geladen sei, wollte große Toilette machen. Er hatte für den Sonntag vom Schneider einen fertigen Ballanzug versprochen, aber dieser wollte den Anzug ohne Bezahlung der Rechnung nicht hergeben, so daß Nietzsche ohne Frack, jedoch in gesteigerter Romanstimmung, mit einem alten schwarzen Rock angetan, den Salon Brockhaus betrat; nur die engste Familie war anwesend. „Ich werde Richard Wagner vorgestellt und rede zu ihm einige Worte der Verehrung; er erkundigt sich sehr genau, wie ich mit der Musik vertraut geworden sei. — Vor und nach Tisch spielte Wagner alle wichtigen Stellen der Meistersinger, indem er alle Stimmen imitierte und dabei sehr ausgelassen war. Er ist nämlich ein fabelhaft feuriger und lebhafter Mann, der sehr schnell spricht, sehr witzig ist und eine Gesellschaft dieser privatesten Art ganz heiter macht. Inzwischen hatte ich ein längeres Gespräch mit ihm über Schopenhauer, und Du begreifst es, welcher Genuß es für mich war, ihn mit ganz unbeschreiblicher Wärme von ihm reden zu hören, was er ihm verdanke, wie er der einzige Philosoph sei, der das Wesen der Musik erkannt habe. Nachher las er ein Stück aus seiner Biographie vor, die er jetzt schreibt, eine ergötzliche Szene aus seinem Leipziger Studentenleben; er schreibt übrigens außerordentlich gewandt und geistreich. Am Schlusse drückte er mir sehr warm die Hand, und lud mich sehr freundlich ein, ihn zu besuchen, um Musik und Philosophie zu treiben" (NB. I 288/91). — Bereits im folgenden Januar konnte Nietzsche seinem Freunde die auf Ostern von ihm zu bekleidende P r o f e s s u r für k l a s s i s c h e P h i l o l o g i e an der Universität Basel melden. Wagner hatte ihn grüßen lassen; „Luzern ist nun nicht mehr unerreichbar." Aber im Februar 1869 schrieb er an Rohde, daß die Anhänger Wagners in Leipzig wünschen, er solle sich in ihrem Interesse literarisch beteiligen; „ich aber für meinen Teil habe nicht die geringste Lust, wie eine Henne gleich öffentlich zu gackern; und es kommt hinzu, daß meine Brüder in Wagnero meistens doch gar zu dumm sind und ekelhaft schreiben; das macht, sie sind im Grunde mit jenem Genius schlechterdings nicht verwandt, und haben keine Blicke für die Tiefe, sondern nur für die Oberfläche; für das Buch „Oper und Drama" ist keiner der Kerle reif" (NBr Bd. II). — Schon auf der Hinreise nach Basel besuchte Nietzsche eine Meistersingeraufführung in Karlsruhe; und Sonnabend vor Pfingsten, am 15. Mai 1869, fuhr er zum ersten Male nach dem Vierwaldstätter See und T r i e b s c h e n bei Luzern, machte dort einen Besuch bei Wagner, und wurde, da er sich noch für die Tellskapelle versprochen hatte, auf Pfingstmontag eingeladen, wo er, wie die Biographie der Frau Förster besagt, in Gemeinschaft mit Wagner und Frau Cosima den ersten jener köstlichen Tage verlebte, die später das Glück seiner Seele wurden. Nietzsche fand hier in Wagner, wie

Raoul Richter ausführt, die großen Grundanschauungen der chopenhauerschen Philosophie, die Kunst im Dienste des hilosophischen Geistes als anschauliche Versinnlichung, und en mit unerhörter Kühnheit gezeichneten Plan, durch diese unst die Kultur der Gegenwart umzugestalten, besser gesagt, u reformieren. (R. 37.) Wagners Münchener Zeit lag hinter m, er war in die Periode der Reformation eingetreten. Hier ollendete er die Schrift über „Staat und Religion", die ne Absage an die Revolutionszeit war, Brunhilde mußte darin ereits schopenhauerisch lernen: „Hier, im Ringe, ist alles durch nd durch tragisch und der Wille, der eine Welt nach seinem Vunsche bilden wollte, kann endlich zu nichts Befriedigenerem gelangen, als durch einen würdigen Untergang sich elbst zu brechen." Der Staat erreicht in der Person des önigs sein eigentliches Ideal; der Patriotismus vermag den Staatsbürger zur höchsten ihm erreichbaren Höhe zu erheben, die Religion vermag ihn aber nur zur Menschenwürde zu führen. Der innerste Kern der wirklichen Religion ist Verneinung der Welt, sowie erstrebte Erlösung in ihr, erreicht durch den Glauben. Die wesentlichste Bedeutung der Religion liegt im Dogma, weil das, was auf dem Wege des Nachdenkens durch die wichtigste philosophische Erkenntnis nur in negativer Form gefaßt werden kann, in ihm sich in positiver Form darstellt. Unbeugsame Gerechtigkeit, stets bereite Gnade ist das Mysterium des königlichen Ideals; was den großen Menschen innerhalb des Lebens über dieses Leben erhebt, ist die Kunst. (W. Ges. Schriften Bd. VIII.) — Dieser folgte die umfangreiche Schrift „Deutsche Kunst und deutsche Politik", in welcher Wagner eine Umbildung des deutschen Theaters im Sinne des deutschen Geistes fordert, ebenso die Ausbildung eines deutschen Stils als die vollkommen erreichte und zum Gesetz erhobene Übereinstimmung der theatralischen Darstellung mit dem dargestellten wahrhaft deutschen Dichterwerke; und in welcher er seinen später von Nietzsche mißbilligten Theaterwahrspruch niederlegte: „Im Theater liegt der Keim und Kern aller nationalpoetischen und nationalsittlichen Geistesbildung, und kein anderer Kunstzweig kann je zu wahrer Blüte und volksbildender Wirksamkeit gelangen, ehe nicht dem Theater sein allmächtiger Anteil hieran vollständig zuerkannt und zugesichert ist." (W. Bd. VIII.) — „Das Werk ist von einer Höhe und Zeitentrücktheit, von einem Edelsinn und Schopenhauerschem Ernst, daß ich wünschte König zu sein, um solche Ermahnungen zu bekommen", berichtete Nietzsche an Rohde darüber. — Jener folgte bald die berühmte Schrift „über das Dirigieren", worin Wagner die Lehre von der Modifikation der Tempinahme aufstellt, um hierdurch den Gesang in den Instrumenten zu Gehör zu bringen; und kaum ein Jahr nach Nietzsches erster Begegnung war die Beethovenschrift vollendet, in welcher Wagner seine berühmte Theorie über das Musikdrama nach Schopenhauers Philosophie begründet hatte. — In diesen Zeiten pilgerte Nietzsche nach Triebschen, der Insel der Glückseligen. „Er ergeht sich in der großen Natur in erhabenen Gesprächen mit dem Meister; in sternhellen Nächten im Angesicht der eisigen Gipfel und des abgrundtiefen Sees tauschten sie Bekenntnisse aus über die letzten Fragen des Daseins, über Mensch und Leben, Wissenschaft und Kunst, Philosophie und Religion." (R. 39.) Zu jener Zeit arbeitete Wagner an der Komposition Siegfrieds und der Meistersinger, und am Flügel führte er Nietzsche diese Tonwerke vor. — Zum Pfingstfeste hatte ihn Wagner wiederum eingeladen: „Sie steigen dann bei mir ab, und schlafen die beiden Nächte im Triebschener Fideikommißhaus." Und Nietzsche selbst berichtete an Freunde und Angehörige über diese Zusammenkünfte. Der Mutter schreibt er am 16. Juni 1869: „Richard Wagner ist als Mensch durchaus von gleicher Größe und Singularität wie als Künstler; mit ihm und der genialen Frau von Bülow, Tochter Liszts, zusammen habe ich nun schon mehrere glückliche Tage verlebt. Wagners Villa, am Vierwaldstätter See gelegen, am Fuße des Pilatus, in einer bezaubernden See- und Gebirgseinsamkeit, ist, wie Du Dir denken kannst, vortrefflich eingerichtet. Wir leben dort zusammen in der angeregtesten Unterhaltung, im liebenswürdigsten Familienkreise und ganz entrückt von der gewöhnlichen gesellschaftlichen Trivialität; dies ist für mich ein großer Fund“ (NB. V); und an Rohde: Sehr glücklich bin ich, daß ich am zweiten Pfingsttage einen Mittag und Nachmittag auf Wagners Einladung in seinem Landhause zugebracht habe. Wagner ist ein verschwenderisch reicher und großer Geist, ein energischer Charakter und ein bezaubernd liebenswürdiger Mensch. Die Welt kennt gar nicht die menschliche Größe und Singularität seiner Natur. Ich lerne sehr viel in seiner Nähe, es ist dies mein praktischer Kurs in der Schopenhauerschen Philosophie (NBr. II 144). An Freiherr von Gersdorff unterm 4. August 1869: Ich habe einen Menschen gefunden, der wie kein anderer das Bild dessen, was Schopenhauer das Genie nennt, mir offenbart, und der ganz durchdrungen ist von jener wundersam innigen Philosophie. Dies ist kein anderer als Richard Wagner. Niemand kennt ihn und kann ihn beurteilen, weil alle Welt auf einem andern Fundamente steht und in seiner Atmosphäre nicht heimisch ist. In ihm herrscht eine so unbedingte Idealität, eine solch tiefe und rührende Menschlichkeit, ein solch erhabener Lebensernst, daß ich mich in seiner Nähe wie in der Nähe des Göttlichen fühle. Wie manche Tage habe ich nun schon in dem reizenden Landgute am Vierwaldstätter See verlebt, und immer neu und unerschöpflich ist diese wunderbare Welt. So las ich noch gestern ein Manuskript über „Staat und Religion“; nie ist in würdigerer und philosophischerer Weise zu einem König geredet worden; ich war ganz erhoben und erschüttert von dieser Idealität, die durchaus dem Geiste Schopenhauers entsprungen schien.“ An E. Rohde: „Wagner, wie ich ihn jetzt kenne, aus seiner Musik, seinen Dichtungen, seiner Ästhetik, zum nicht geringsten Teile aus jenem glücklichen Zusammensein mit ihm, ist die leibhaftige Illustration dessen, was Schopenhauer ein Genie nennt.“ — Und am 3. September 1869: „Übrigens habe ich auch mein Italien wie Du, es heißt Triebschen und ist mir bereits ganz heimisch. In letzter Zeit bin ich kurz hintereinander viermal dort gewesen, und dazu fliegt fast jede Woche ein Brief dieselbe Bahn; was ich dort lerne und schaue, höre und verstehe, ist unbeschreiblich; Schopenhauer und Goethe, Aeschylus und Pindar leben noch, glaub' es mir!" Und späterhin: „Dafür will ich Dir noch etwas von meinem Jupiter erzählen, von Richard Wagner, bei dem ich von Zeit zu Zeit aufatme, und mich mehr erquicke, als sich meine ganze Kollegienschaft vorstellen kann. Ein fruchtbares, reiches, erschütterndes Leben, ganz abweichend und unerhört unter mittlern Sterblichen. Dafür steht er auch da, festgewurzelt durch eigene Kraft, mit seinem Blick immer drüber hinweg über alles Ephemere, und unzeitgemäß im schönsten Sinne. — Als ich das erstemal in Triebschen war, kam gerade in der Nacht meines Aufenthaltes ein kleiner Junge zur Welt, Siegfried zubenannt; als ich das letztemal dort war, wurde Wagner gerade fertig mit der Komposition seines „Siegfried" und war im üppigsten Gefühle seiner Kraft." (NB. II.) — Ähnlich hatte er an Deussen geschrieben: Ich habe das unschätzbare Glück, den wahren Geistesbruder Schopenhauers, der sich zu ihm wie Schiller zu Kant verhält, als wirklichen Freund zu besitzen; ein Genius, der dasselbe furchtbare Los empfangen hat, ein Jahrhundert früher zu kommen, als er verstanden werden kann (NBr. I 165). An die Mutter schrieb er im August 1869 von der warmen und herzlichen Annäherung an Wagner und Frau von Bülow, und von der „völligen Gleichstimmung unserer Hauptinteressen. Wagner ist dabei jetzt gerade in seiner höchsten Kraft des Genies"; er spricht von den wunderbarsten eben entsprungenen Schöpfungen; das herrliche Triebschen, fürstlich und geistreich eingerichtet. — In einem weiteren Briefe an Gersdorff vom 28. September 1869 erörtert Nietzsche die Frage der Fleischkost: Schopenhauer sagt, das Mitleid mit den Tieren soll nicht soweit führen, daß wir uns der tierischen Nahrung zu enthalten hätten, weil in der Natur die Fähigkeit zum Leiden gleichen Schritt hält mit der Intelligenz, weshalb der Mensch durch Entbehrung der tierischen Nahrung mehr leiden würde, als das Tier durch einen unvorhergesehenen Tod. (S. III 626.) Dagegen wurden damals die Schriften des

Pflanzenkostapostels Shelley vielfach, und auch von Nietzsche, gelesen. „Es kam mir ins Gedächtnis, wie ich in Leipzig einmal einen schüchternen Versuch machte, nach der Lektüre Shelleys, Dir die Paradoxie der Pflanzenkost samt ihren Konsequenzen vorzuführen, leider an unpassender Stelle (ein Restaurant), während vor uns die bewußten Koteletts mit ‚Allerlei' standen. Ich bin bereits wieder überzeugt, daß das Ganze eine Marotte ist, noch dazu eine recht bedenkliche. — Richard Wagner, der jahrelang dieselbe Abstinenz geübt hat, hat mir, nicht ohne wärmste Beteiligung seines Gemüts und mit kräftigster Ansprache, alle die inneren Verkehrtheiten jener Theorie und Praxis vorgeführt. Das wichtigste für mich ist, daß hier wieder ein Stück jenes Optimismus mit Händen zu greifen ist, der unter den wunderlichsten Formen immer wieder auftaucht, als ob mit Beseitigung einer sündhaft unnatürlichen Erscheinung das Glück und die Harmonie hergestellt seien, während doch unsere erhabene Philosophie lehrt, daß, wo wir hingreifen, wir überall in das volle Verderben, in den freien Willen zum Leben fassen, und hier alle Palliativkuren unsinnig sind. Gewiß ist die Achtung vor den Tieren ein den edlen Menschen zierendes Bewußtsein; aber die so grausame und unsittliche Göttin Natur hat eben mit ungeheurem Instinkt uns Völkern dieser Zonen das Entsetzliche, die Fleischkost angezwungen, während in den warmen Gegenden, wo die Menschen von Pflanzenkost leben, auch die Menschen, nach demselben ungeheuren Instinkte, mit ihr sich genügen lassen. Auch bei uns ist, bei besonders kräftigen und stark körperlich tätigen Menschen eine reine Pflanzenkost möglich, indessen nur mit gewaltigem Auflehnen gegen die Natur, die sich auch in ihrer Art rächt, wie es Wagner persönlich auf das allerstärkste empfunden hat. Der Kanon, den die Erfahrung auf diesem Gebiete gibt, ist der: geistig produktive und gemütlich intensive Naturen m ü s s e n Fleisch haben; die andere Lebensweise beliebe den Bäckern und Bauern, die nichts als Verdauungsmaschinen sind. Der andere Gesichtspunkt ist ebenso wichtig: es ist unglaublich, was eine so abnorme Lebensweise, die nach allen Seiten hin Kampf verursacht, an Kraft und Energie des Geistes aufzehrt, die somit edleren und allgemein nützlicheren Bestrebungen entzogen werden. Wer den Mut hat, für etwas Unerhörtes durch seine Praxis einzustehen, der sorge dafür, daß dies auch etwas Würdiges und Großes sei, nicht aber eine Theorie, bei der es sich um die Ernährung der Materie handelt. — Es ist mir ganz klar, daß eine zeitweilige Enthaltsamkeit von Fleisch aus diätetischen Gründen äußerst nützlich ist; aber warum, um mit Goethe zu reden, daraus ‚Religion machen'; auch in diesem Punkte hat Schopenhauer mit der unfehlbaren Sicherheit seines großen Instinktes das Richtige gesagt und getan." — Wagner hatte, auch in Zürich, wiederholt diätetische Kuren gemacht, so namentlich auch in Albisbrunn in einer Wasserheilanstalt und in Mornex bei Genf, die Wagner in seiner Autobiographie anschaulich geschildert hat. Später hatte er ein Werk von Gleizès „Das Heil der Menschheit" gelesen, wonach die Entartung des Menschengeschlechts auf übermäßige äußere Einflüsse und daherigen Abfall von der natürlichen Nahrung herbeigeführt wird, und diese Theorie auch in bezug auf die Regeneration zu verwerten gesucht. Im übrigen vertrat er den Standpunkt, daß die Verbindung zum Schutze der Tiere von einem seiner Natur nach gegen alle Berechnungen der Nützlichkeit oder Unnützlichkeit durchaus gleichgültigen und rücksichtslosen Mitleiden bestimmt werden sollte, und daß wir vom Tiere selbst das Mitleiden mit dem Menschen erlernen können, sobald dasselbe vernünftig und menschenwürdig behandelt wird. (W. Bd. IX.)

Nietzsche kündigt nunmehr brieflich zwei öffentliche Vorträge über „Ästhetik der griechischen Tragiker" und über „Das antike Musikdrama" an; „Wagner wird dazu aus Triebschen herüberkommen; ich habe Dir schon geschrieben, von welchem Werte mir dieser Genius ist, als die leibhaftige Illustration dessen, was Schopenhauer ein Genie nennt." — Und an Gersdorff vom 11. März 1870: Daß wir nun auch über Richard

Wagner einig sind, ist mir ein überaus schätzenswerter Beweis unseres Zusammengehörens; denn es ist nicht leicht und erfordert einen tüchtigen Mannesmut, um hier nicht bei dem fürchterlichen Geschrei irre zu werden; auch trifft man mitunter sehr wackere und intelligente Leute in der Gegenpartei. Schopenhauer muß uns theoretisch über diesen Konflikt hinwegheben, wie es Wagner praktisch als Künstler tut. Zweierlei halte ich mir immer vor: der unglaubliche Ernst und die deutsche Vertiefung in der Welt- und Kunstanschauung Wagners, wie sie hier aus jedem Tone quillt, ist den meisten Menschen unserer Jetztzeit ein Greuel, wie Schopenhauers Askesis und Verneinung des Willens. — Vornehmlich verhaßt ist die idealistische Art Wagners, in der er mit Schiller am stärksten verwandt ist; dies glühende, hochherzige Kämpfen, auf daß der Tag der Edlen endlich komme, kurz das Ritterliche, was unserem plebejisch - politischen Tageslärm möglichst widerstrebend ist. Schließlich finde ich auch bei vortrefflichen Naturen oftmals eine Anschauung der Indolenz, als ob eine eigene Bemühung, ein ernstes eingehendes Studium, um einen solchen Künstler und solche Kunstwerke zu verstehen, gar nicht nötig sei. Wie habe ich mich gefreut, daß Du „Oper und Drama" so angelegentlich studierst, ich habe es sogleich meinen Triebschener Freunden berichtet; überhaupt sind ihnen meine Freunde keine Fremdlinge. — Auch versteht es sich, daß wir, wenn Du mich einmal besuchst, nach Triebschen reisen; es ist eine unendliche Bereicherung des Lebens, einen solchen Genius wirklich nahe kennen zu lernen. Für mich knüpft sich alles Beste und Schönste an die Namen Schopenhauer und Wagner und ich bin stolz und glücklich, hierin mit meinen nächsten Freunden gleichgestimmt zu sein. (NBrA. 102/103.)

Da Wagner seine Selbstbiographie verfaßte, hatte Nietzsche in Basel den Druck hiervon in zwölf Exemplaren vermittelt, und anfänglich auch die Korrekturen gelesen. — Als das Weihnachtsfest 1869 herankam, — so schreibt Frau Förster — besorgte Nietzsche den größten Teil der Triebschener Geschenke in Basel, aber nicht nur Dürersche Stiche und Kunstsachen für den Haushalt, sondern auch Puppentheater und anderes Spielzeug. — An Mutter und Schwester schrieb Nietzsche diesbezüglich: Ich reise mit Beginn der Ferien nach Triebschen ab, wo man mich nach Richards Ausdruck „mit Jubel" erwartet. Was haben wir für schöne Vorbereitungen für die Kinder gemacht, und wie nützlich und praktisch bin ich mit meinen Besorgungen gewesen, so daß ich sogar neulich weißen Tüll mit Goldsternen für das Christkindchen verschrieben habe (NBr. V). — Unterm 7. November 1870 meldete Nietzsche wieder an Gersdorff: „Wagner hat mir vor ein paar Tagen ein wundervolles Manuskript zugeschickt, ‚Beethoven' betitelt. Hier haben wir eine überaus tiefe Philosophie der Musik im strengen Anschluß an Schopenhauer. Diese Abhandlung erscheint zu Ehren Beethovens als die höchste Ehre, die ihm die Nation erweisen kann." Gleichzeitig teilt er mit: „Wagner und Frau sagen Dir die besten Grüße und Wünsche; Du weißt doch, daß im August die Hochzeit stattgefunden hat; ich war als Zeuge eingeladen, konnte aber nicht erscheinen, weil ich gerade damals in Frankreich war." (NBrA. 109.) Frau Cosima war unterm 18. Juli 1870 durch das Königliche Stadtgericht Berlin vom Königlich bayerischen Hofkapellmeister a. D. Hans Guido von Bülow gerichtlich geschieden worden. Sie hatte in einer schriftlich eingereichten Klagebeantwortung erklärt, daß sie zu ihrem Ehemanne niemals zurückkehren werde, und sich den Folgen unterwerfe, die gesetzlich daraus hervorgingen. Sie wurde der böslichen Verlassung ihres Mannes schuldig erklärt, das Eheband wurde getrennt, und die Beklagte wurde zur Tragung der Prozeßkosten und zur Herausgabe des vierten Teils ihres schuldenfreien Vermögens an den Kläger als Scheidungsstrafe verurteilt. — Frau Cosima schrieb dagegen über ihr Triebschener Leben an Nietzsche: Indem ich unser friedseliges, durch des Meisters Genius wohl erhaben zu nennendes Leben betrachte, und daher wohl empfinde, daß die vorangegangenen Leiden unauslöschlich in die Seele eingeprägt sind, sage ich mir, daß das höchste Glück auf Erden eine Vision ist, und daß diese Vision uns Armen zuteil wurde. (NB II 26.) Unter dem Ausdrucke „Leiden“ soll hier wohl Wagners Münchener Zeit verstanden sein. — Am 12. Dezember 1870 schrieb Nietzsche nach Hause: Ich verlebe die Ferien in Triebschen, wo man es gar nicht verstehen würde, wenn ich fehlte; auch werden dort schöne Musikvorbereitungen gemacht, Wagner hat eine Triebschener Symphonie komponiert zur Geburtstagsfeier seiner Frau. — Und unterm 23. Dezember 1870: Morgen geht's nach Triebschen; soeben bekomme ich noch ein Telegramm von Wagner; er ladet mich zur Probe der Musikaufführungen ein, die morgen gleich nach meiner Ankunft in Luzern im Hotel du lac ohne jedes Wissen der Frau Wagner stattfindet. Meine Geschenke sind: Für Wagner habe ich ein von ihm längst gewünschtes Lieblingsblatt von Albrecht Dürer „Ritter, Tod und Teufel“, für Frau Wagner den Aufsatz „Eine dionysische Weltanschauung“, für die Kinder kleines Spielzeug aller Art. (NBr. V.) Am 30. Dezember schrieb Nietzsche an Mutter und Schwester aus Triebschen: Wir haben hier ein sehr schönes Weihnachten gefeiert; die Feier des 25. als des Geburtstages der Frau Wagner war vollendet und einer ausführlichen Erzählung wert. Das Triebschener Idyll (späteres Siegfried-idyll), wie der von Wagner komponierte wunderschöne Symphoniesatz genannt ist, gehört zu dem Allerschönsten, was es gibt; die Musiker waren, wie wir, ganz begeistert. Zu Weihnachten bekam ich ein prachtvolles Exemplar des „Beethoven“, und das erste Exemplar des Klavierauszuges des „Siegfried“ erster Akt, eben fertig geworden, während noch ein Jahr vergehen kann, ehe der Klavierauszug dieses Werkes in die Öffentlichkeit kommt.“ Und nach den Monaten des deutsch-französischen Krieges, die Nietzsche als Krankenpfleger mitgemacht hatte, wußte er an Gersdorff zu schreiben: „Für mich bedeuten diese Monate eine Zeit, in der jene Grundlehren sich als festgewurzelt bewährten; man kann mit ihnen sterben; das ist mehr, als wenn man von ihnen sagen wollte, man kann mit ihnen leben.“ (Br. I 70.) Dies war jener Satz, den Nietzsche in der Umwertungsperiode, als er das Leben über alles feierte, umgekehrt hatte: man möchte für sie (die Grundsätze) ewig leben; das ist mehr gesagt, als wenn man sagen würde, man möchte für sie sterben!

## IV. Griechentum und Wagnertum.

In einem Geburtstagsbriefe vom 22. Mai 1869 schrieb Nietzsche an Wagner: daß sich tatsächlich die besten und erhabensten Momente meines Lebens an Ihren Namen knüpfen, und ich nur noch e i n e n Mann kenne, noch dazu Ihren großen Geistesbruder Arthur Schopenhauer, an den ich mit gleicher Verehrung denke. Ich freue mich, Ihnen an einem festlichen Tage dies Bekenntnis ablegen zu können, und tue dies nicht ohne ein Gefühl des Stolzes. Denn wenn es das Los des Genius ist, eine Zeitlang nur paucorum hominum zu sein, so dürfen doch wohl diese pauci sich in einem besonderen Grade beglückt und ausgezeichnet fühlen, weil es ihnen vergönnt ist, das Licht zu sehen, und sich an ihm zu erwärmen, wenn die Masse noch im kalten Nebel steht und friert. Nun habe ich es gewagt, mich unter die Zahl dieser pauci zu rechnen, nachdem ich wahrnahm, wie unfähig fast alle Welt, mit der man verkehrt, sich zeigte, wenn es gilt, Ihre Persönlichkeit als Ganzheit zu fassen, den einheitlichen tiefethischen Strom zu fühlen, der durch Leben, Schrift und Musik geht. Ihnen und Schopenhauer danke ich es, wenn ich bis jetzt festgehalten habe an dem germanischen Lebensernst, an einer vertieften Betrachtung dieses so rätselvollen und bedenklichen Daseins.“ — Und übers Jahr zum 22. Mai 1870: Mögen Sie mir bleiben, was Sie mir im letzten Jahre gewesen sind, mein Mystagog in den Geheimlehren der Kunst und des Lebens. Und Wagner antwortete auf letzteres Schreiben unterm 4. Juni 1870: Übermorgen feiere ich den ersten Geburtstag meines Sohnes und zugleich den Gedächnistag Ihres ersten Aufenthaltes in meinem Hause; mögen die Sterne über dieser doppelten Gedächtnisfeier gütig walten; mir schien es damals, Sie hätten meinem Sohne Glück gebracht. (Bayr. Bl. 1908, S. 1, 2, 4, 5.)

Schulpforta und Professor Rischl hatten dazu beigetragen, aus Nietzsche einen glühenden Verehrer des Griechentums zu machen, der im Germanentum die Wiedergeburt des Hellenentums erhoffte; und als er in Basel als Professor der klassischen Philologie wirkte, tat er den Schritt vom Philologen zum Philosophen und Künstler, nahm Schopenhauer und Wagner noch zum Griechentum hinzu, und pries Schopenhauer als Wiedererwecker der Klassizität, und Wagner als Erneuerer des deutschen Geistes durch den Feuerzauber der Musik. Mit der Antrittsrede: „Homer und die klassische Philologie" wurde begonnen; ihr folgten Vorträge über „Das griechische Musikdrama", „Sokrates und die Tragödie", Niederschriften über „Dionysische Weltanschauung", „Die Tragödie und die Freigeister", „Ursprung und Ziel der Tragödie", „Musik und Tragödie", aus denen schließlich das Schriftwerk „Geburt der Tragödie" 1872 hervorging. Diese Arbeiten sollten sich mit der folgenden: „Die Philosophie im tragischen Zeitalter der Griechen" (Fragment) und einigen kleineren Schriften aus den Jahren 1872—75 zu einem griechischen Philosophenbuch vereinigen.

Das Manuskript von „Sokrates und die Tragödie", in welchem es ausgesprochen war, daß mit Äschylus der Höhepunkt des griechischen Musikdramas erreicht war, und mit Sophokles und Euripides der Verfall beginnt, hatte Nietzsche an Wagner geschickt. Frau Cosima war erst darüber erregt: „Was mich aufregte, war die Kürze, in welcher Sie genötigt waren, die tiefsten und weitgehendsten Probleme aufzustellen, was den Zuhörer zu einer gewaltigen Mitarbeiterschaft auffordert"; dann aber war der Eindruck „ein sehr großer und schöner"; sie erkannte in der Sicherheit Nietzsches „die große Prägnanz eines mächtigen Eindrucks": „Die Wallfahrt, die wir durch Sie zu den schönsten Zeiten der Menschheit unternehmen mußten, hat so wohltätig auf uns gewirkt, daß am andern Morgen der Meister seinen Siegfried mit Begleitung der kecksten und übermütigsten Violinfigur auf dem Rhein sein heiteres Thema blasen läßt, welches vernehmend, die Rheintöchter breit und stark ihr Motiv erklingen lassen." — Wagner selbst riet ihm, sich, da er so tief von diesen Problemen durchdrungen, zu einer größeren umfassenderen Arbeit zu sammeln. „Ich, für meine Person, rufe Ihnen zwar zu: so ist es, Sie haben das Rechte getroffen, und den eigentlichen Punkt auf das schärfste genau bezeichnet, so daß ich nicht anders als verwunderungsvoll Ihrer ferneren Entwicklung entgegensehe. — Nun zeigen Sie denn, zu was die Philologie da ist, und helfen Sie mir, die große Renaissance zustande zu bringen." (NB. II 20/24.)

Und das aufsehenerregende Werk „Geburt der Tragödie" war bald erschienen, das für Wagner ein um so größeres Interesse hatte, als derselbe in seinen Revolutionsschriften, wenn auch in anderer Weise, sich mit den Griechen beschäftigt hatte, und in „Kunstwerke der Zukunft" die Forderung aufstellte, die hellenische Kunst müsse zur menschlichen Kunst überhaupt werden. —

Der Inhalt der „Geburt der Tragödie" ist folgender: Apollinisch und dionysisch entlehnen wir den Griechen; an Apollo und Dionys knüpft sich die Erkenntnis, daß in der griechischen Welt ein ungeheurer Gegensatz nach Ursprung und Zielen zwischen der Kunst des Bildners (Apoll) und derjenigen der Musik (Dionys) besteht. Diese erscheinen durch einen metaphysischen Wunderakt des hellenischen Willens miteinander gepaart, und erzeugen zuletzt das ebenso dionysische wie apollinische Kunstwerk der attischen Tragödie. Die beiden Triebe erscheinen als die getrennten Kunstwelten des Traumes und Rausches; das Kunstwerk der attischen Tragödie ist das gemeinsame Ziel beider Triebe. Die Tragödie ist aus dem tragischen Chor entstanden; die Chorpartien, mit denen die Tragödie durchflochten ist, sind der Mutterschoß des eigentlichen Dramas. Das tragische Zeitalter war unter Äschylus und Sophokles; der Todeskampf der Tragödie dagegen kämpfte Euripides; jene spätere Kunstgattung ist als attische Komödie bekannt; das allmächtige dionysische Moment aus der Tragödie auszuscheiden, ist das Werk des Euripides. Das Kunstwerk der griechischen Tragödie ging an dem Gegensatze des dionysischen und sokratischen zugrunde; in den Grundformen des sokratischen Optimismus liegt der Tod der Tragödie; Sokrates erscheint als Typus des theoretischen Optimisten. Späterhin herrscht Kampf zwischen der theoretischen und tragischen Weltbetrachtung; der theoretische Mensch bekämpft die dionysische Weisheit und Kunst. Der Gehalt der sokratischen Kultur erscheint als Kultur der Oper. Aus dem dionysischen Grunde des deutschen Geistes ist die Macht emporgestiegen, die von der sokratischen Kultur als das übermächtig Feindselige empfunden wird, die deutsche Musik. Der tragische Mythus ist nur zu verstehen als eine Verbildlichung dionysischer Weisheit durch apollinische Kunstmittel; er teilt mit der apollinischen Kunst die volle Lust am Schein, und zugleich verneint er diese Lust, und hat noch höhere Befriedigung an der Vernichtung der sichtbaren Scheinwelt. Die Musik verleiht dem tragischen Mythus eine so überzeugende metaphysische Bedeutung, wie wir sie in Wort und Bild ohne jene einzige Hilfe nie zu erreichen vermögen. Mit der ungeheuren Wucht des Bildes täuscht das Apollinische den Menschen über die Allgemeinheit des dionysischen Vorganges hinweg zu dem Wahne, daß er ein eigenes Weltbild sehe, und es durch die Musik nur noch besser sehen soll. Aber dieser Vorgang ist ein herrlicher Schein, eine apollinische Täuschung, weil die Musik die eigentliche Idee der Welt, das Drama nur ein Abglanz dieser Idee ist; das Drama als Ganzes ist eine Wirkung, die jenseits aller apollinischen Kunstwirkung liegt. In der Gesamtwirkung der Tragödie erlangt das Dionysische das Übergewicht; das Dionysische ist der gemeinsame Geburtsort der Musik und des tragischen Mythus. Aus dem dionysischen Grunde des deutschen Geistes wird die deutsche Musik emporsteigen, wie wir sie in ihrem mächtigen Sonnenlaufe von Bach bis Beethoven und von Beethoven bis Wagner zu verstehen haben. Es ist die bevorstehende Wiedergeburt des hellenischen Altertums in der Hoffnung auf Erneuerung und Erläuterung des deutschen Geistes durch den Feuerzauber der Musik. (NTA. Bd. I, S. 51/204.)

Als anschauliches Beispiel hatte Nietzsche unter anderem Tristan und Isolde gewählt. Er richtete die Frage, ob man sich einen Menschen denken könne, der den dritten Akt Tristans ohne alle Beihilfe von Wort und Bild rein als ungeheuren symphonischen Satz zu perzipieren imstande wäre, ohne unter einem krampfartigen Ausspannen aller Seelenflügel zu veratmen.

„Wenn aber doch ein solches Werk als Ganzes perzipiert werden kann, ohne Verneinung der Individualexistenz, woher nehmen wir die Lösung eines solchen Widerspruches? Hier drängt sich zwischen unsere höchste Musikerregung und jene Musik der tragische Mythus und der tragische Held, und dabei bricht die apollinische Kraft mit einer wonnevollen Täuschung hervor: Das Apollinische entreißt uns der dionysischen Allgemeinheit und entzückt uns für die Individuen; das Mitleiden rettet uns vor dem Urleiden der Welt, wie das Gleichnisbild des Mythus uns vor dem unmittelbaren Anschauen der Weltidee rettet. Denn gerade hier reißt mit der ungeheuren Wucht des Bildes, des Begriffs, der ethischen Lehre das Apollinische den Menschen aus seiner orgiatischen Selbstvernichtung empor, und täuscht ihn über die Allgemeinheit des dionysischen Vorganges hinweg zu dem Wahne, daß er ein einzelnes Weltbild sehe, und es durch die Musik nur noch besser und innerlicher sehen soll (NTA. I, S. 180/183). —

Der Titel des Werkes war: „Geburt der Tragödie aus dem Geiste der Musik“, und auf dem Titelblatte fand sich ein entfesselter Prometheus abgebildet. Ursprünglich lautete der Titel: Die Geburt der Tragödie oder Griechentum und Pessimismus; die Schlußteile über Wagner waren erst später hinzugekommen.

In der an Wagner gerichteten Vorrede heißt es: „Sie werden sich erinnern, daß ich zu gleicher Zeit, als Ihre herrliche Festschrift über Beethoven entstand, das heißt in den Schrecken und Erhabenheiten des eben ausgebrochenen Krieges, mich zu diesem Gedanken sammelte"; Nietzsche spricht davon, hier ein ästhetisches Problem so ernst genommen zu haben, und schließt mit der Belehrung an die Leser, „daß ich von der Kunst als der höchsten Aufgabe und der eigentlich metaphysischen Tätigkeit dieses Lebens im Sinne des Mannes überzeugt bin, dem ich hier, als meinem erhabenen Vorkämpfer auf dieser Bahn, diese Schrift gewidmet haben will." (NTA. Bd. I, S. 49/50.)

Der damalige Verleger von Wagners Schriften hatte das Werk Nietzsches zum Verlage angenommen und Nietzsche wünschte sich die nämliche Ausstattung wie Wagners „Bestimmung der Oper". Wagner hatte in letzterer die Ausdrücke apollinisch und dionysisch bereits gebraucht, da sie in „Sokrates und die Tragödie", welche Schrift Wagner von Nietzsche früher empfangen hatte, vorkamen. Nietzsche schrieb damals an Rohde zu Weihnachten 1871: Übrigens fühle ich mich in meinen Erkenntnissen in der Musik wunderbar befestigt und von deren Richtigkeit überzeugt durch das, was ich diese Woche in Mannheim mit Wagner zusammen erlebte. Was sind alle sonstigen künstlerischen Erinnerungen und Erfahrungen, gemessen an diesem letzten? Mir ging es wie einem, dem eine Ahnung sich endlich erfüllt, denn genau das ist Musik und nichts sonst, und genau das meine ich mit dem Worte Musik, wenn ich das Dionysische schildere, und nichts sonst. Wenn ich mir aber denke, daß nur einige hundert Menschen aus der nächsten Generation das von der Musik haben, was ich von ihr habe, so erwarte ich eine völlig neue Kultur (NBrA. 130). Zu Weihnachten 1871 schrieb Nietzsche an Mutter und Schwester: „Ich feiere diesmal Weihnachten nicht in Triebschen trotz der herzlichen Einladungen!" er habe in Basel Vorträge auszuarbeiten. „Dazu habe ich meine Weihnachten bei Wagner schon antizipiert, dadurch, daß ich letzte Woche mit ihnen in Mannheim war und die unbeschreiblichen Genüsse eines Wagnerkonzertes in nächster Nähe miterlebt habe. — Über meine dortigen künstlerischen Erfahrungen, den höchsten meines Lebens, die in gewissem Sinne die Erfüllung einer tiefen Ahnung waren, will ich brieflich nicht reden." — Von Straßburg 1872 meldet er: Mit Wagners habe ich herrliche Tage erlebt in Straßburg, wo wir zu einem Rendezvous zusammengekommen waren (NBr. V). — Nietzsche übersandte die „Geburt der Tragödie" am 2. Januar 1872 an Wagner: „Wenn ich selbst meine, in der Hauptsache recht zu haben, so heißt das nur soviel, als daß Sie mit Ihrer Kritik in Ewigkeit recht haben. Auf jeder Seite werden Sie finden, daß ich Ihnen nur zu danken suche für alles das, was Sie mir gegeben haben, und nur der Zweifel beschleicht mich, ob ich immer recht empfangen habe, was Sie mir gaben. Vielleicht werde ich manches später einmal besser machen können, und später nenne ich hier die Zeit der Erfüllung, die Bayreuther Kulturperiode. Inzwischen fühle ich mit Stolz, daß ich jetzt gekennzeichnet bin, und daß man mich jetzt immer in einer Beziehung zu Ihnen nennen wird. Meinen Philologen gnade Gott, wenn sie jetzt nichts lernen wollen." (BBl. 1908 S. 7.) In diesem Schreiben wird zum ersten Male der Bayreuther Gedanke berührt, mit dem sich der nächste Abschnitt beschäftigen wird. — Wagner antwortete sofort: Schöneres als Ihr Buch habe ich noch nichts gelesen, alles ist herrlich! Zu Cosima sagte ich, nach ihr kämen gleich Sie, dann lange kein anderer bis zu Lenbach, der ein ergreifend richtiges Bild von mir gemalt hat. Adieu, kommen Sie bald auf einen Husch herüber, dann soll es dionysisch hergehen! (NB. II 68.) Und acht Tage später schrieb er in einem ausführlicheren Briefe: Nun veröffentlichen Sie eine Arbeit, welche ihresgleichen nicht hat. Was Ihr Buch vor allen andern auszeichnet, ist die vollendete Sicherheit, mit welcher sich eine tiefsinnigste Eigentümlichkeit darin kund gibt. Ich für mein Teil begreife nicht, wie ich so etwas erleben durfte! — Sie sehen und erkennen ja alles, so daß mit Ihren Augen zu sehen und zu erkennen für mich eben eine so neue ganz ungeahnte Lust war! — Tief und weit blicke ich mit Ihnen, und unabsehbare Gebiete hoffnungsvollster Tätigkeit eröffnen sich vor mir mit Ihnen zur Seite. (BBl. 1908 S. 8/9.) — In einem nächsten Briefe schreibt Wagner: Da blicke ich denn auf meinen Sohn, meinen Siegfried; der Junge wird täglich stämmiger und stärker, und dabei mit dem Witze nicht minder schlagfertig, als mit der Faust. Es ist mir ein reines Wunder, und habe ich an meines Weibes Seite die Verzweiflung verjagt, so lehrt mich der Bube von neuem die Hoffnung. So geht der alte Tanz wieder los, aber diesmal nach einem tüchtigen Takte. Der Junge weist mich nun auf Sie, Freund, und gibt mir, schon aus reinem Familienegoismus, die Sucht ein, alle meine auf Sie gegründeten Hoffnungen buchstäblich zur Erfüllung getrieben zu sehen, denn der Junge, ach, braucht Sie! (BBl. 1908 S. 10.) Und Frau Cosima schrieb über das Buch an Nietzsche: Ich kann Ihnen nicht sagen, wie erhebend Ihr Buch mich dünkte, in welchem Sie so schlicht wahrhaftig die Tragik unseres Daseins feststellen; und wie ist Ihnen die schönste Anschaulichkeit in den schwierigsten Fragen gelungen! — Sie denken sich wohl, wie Ihre Erwähnung von Tristan und Isolde mich ergriffen hat; die Vernichtung durch die Musik und die Erlösung durch das Drama habe ich, wie Sie es schildern, in diesem einzigen Werk am mächtigsten empfunden, doch mir nie sagen können, so daß Sie den gewaltigsten Eindruck meines Lebens mir auch erhellt haben. (NB. II 69.)

Eine hervorragende Anerkennung zollte der Nietzschearchiv-Mitarbeiter Fritz Kögel diesem Werke in der Einleitung zur Erstausgabe des IX. Bdes. N. W. Die „Geburt der Tragödie“, mit der Nietzsche am Beginn seines achtundzwanzigsten Lebensjahres hervortritt, ist das Endglied einer langen Entwicklung und eine langsam gereifte Frucht. Nietzsche ist eine polyphone Natur, in der verschiedenartige, scheinbar feindliche Begabungen sich zusammengefunden haben; und so wachsen Wissenschaft, Kunst und Philosophie immer inniger in ihm zusammen, bis sie in der „Geburt“ einen Centauren hervorbringen, das heißt ein Werk, das einer einzelnen einseitigen Begabung unerreichbar gewesen wäre. (O. I 162.) Auch belobigende Briefe von Bülow und Liszt fehlten nicht und Malwida von Meysenbug hatte in der „Neuen freien

Presse“ einen Feuilletonartikel hierüber veröffentlicht. Nietzsche meldete an Rohde: Hans von Bülow, den ich noch gar nicht kannte, ist so begeistert von dem Buche, daß er mit zahlreichen Exemplaren davon herumreist, um sie zu verschenken (NBr.A. 138). Dagegen hatte der von Nietzsche hochverehrte Philologe Professor Geheimrat Ritschl in Leipzig sich sehr skeptisch geäußert: „daß ich zu alt bin, um mich noch nach ganz neuen Lebens- und Geisteswegen umzuschauen. Meiner ganzen Natur nach gehöre ich, was die Hauptsache ist, der historischen Richtung und historischen Betrachtung der menschlichen Dinge so entschieden an, daß mir nie die Erlösung der Welt in dem einen oder andern philosophischen System gefunden zu sein schien. Sie können dem Alexandriner und Gelehrten unmöglich zumuten, daß er die Erkenntnis verurteile, und nur in der Kunst die weltumgestaltende, die erlösende und befreiende Kraft erblicke! — Ob sich Ihre Anschauungen als neue Erziehungsfundamente verwerten lassen, ob nicht die große Masse unserer Jugend auf solchem Wege nur zu einer unreifen Mißachtung der Wissenschaft gelangen würde, ohne dafür eine gesteigerte Empfindung für die Kunst einzutauschen, das sind Bedenken, die dem alten Pädagogen vergönnt sein müssen.“ (NB. II 66/67.) — Frau Förster schreibt in der Einleitung zum III. Bde. NBr.: Die nachträgliche Einmischung der modernsten Dinge brachte eine Verschiebung der Adresse des Buches hervor; Nietzsche hatte die Philologen und Historiker vor allem für seine neue Richtung der Erfassung des Griechentums gewinnen wollen; bei Erscheinen aber lehnten diese in trockenem Schultone ab, dagegen drängte sich die Anhängerschaft Wagners an das Buch (NBr. III 335). Nietzsche selbst schrieb an Gersdorff: Meinem Buche wird es doch schwer, sich zu verbreiten; jetzt erwarte ich nichts, oder Bosheiten oder Albernheiten, aber ich rechne auf einen stillen langsamen Gang durch die Jahrhunderte; denn gewisse ewige Dinge sind hier zum ersten Male ausgesprochen, das muß weiterklingen.“ (NB II 98.) Der Philologe Ulrich von Wilamowitz-Möllendorf hatte sogar unter dem

Titel „Zukunftsphilologie" in einer Broschüre Nietzsche aufs heftigste befehdet. Raoul Richter sagt hierüber: Hier wurden in Form und Inhalt maßlose heftige Angriffe gegen das Buch geführt, über dessen Empfängnis weniger das Licht der Studierlampe, als die Sonne des Triebschener Lichts geleuchtet hatte. Erträumte Genialität und Frechheit, Unwissenheit und Mangel an Arbeitsliebe wurden der Arbeit unter anderm zum Vorwurf gemacht. (R. 44.) Hierauf rüsteten sich die Freunde zum Kampfe gegen das Pamphlet, sagt die Nietzschebiographie der Frau Förster. — Zuerst veröffentlichte Wagner selbst in der „Norddeutschen Allgemeinen Zeitung" einen „offenen Brief an Fr. Nietzsche, ord. Prof. der klass. Philologie in Basel", in welchem er auf den „philologischen Donnerkeil" antwortet, der auch ihn verhöhnt hatte. Er wirft am Schlusse die Frage auf: Wie steht es um unsere deutschen Bildungsanstalten? — Nietzsche hatte im Jahre 1872 in Basel fünf öffentliche Vorträge „über die Zukunft der Bildungsanstalten" gehalten, worin er Verengerung und Konzentration der Bildung, Fachschulen, Lehrerbildungsschulen bis zum dreißigsten Altersjahre und höchste Bildung als Wiedererweckung des Hellenentums verlangte. Und Wagner stellt in seinem Briefe das Resultat auf: „Was wir von Ihnen erwarten, kann nur die Aufgabe eines ganzen Lebens sein, und zwar das Leben eines Mannes, wie er uns auf das höchste nottut, und als welchen Sie allen denen sich ankündigen, welche aus dem edelsten Quelle des deutschen Geistes Aufschluß und Weisung darüber verlangen, welcher Art die deutsche Bildung sein müsse, wenn sie der wiedererstandenen Nation zu ihren edelsten Zielen verhelfen soll. (W. Bd. IX 295/302.) — Und an Nietzsche schrieb er auf dessen Dank: „Genau genommen sind Sie nach meiner Frau der einzige Gewinn, den mir das Leben zugeführt. Nun kommt zwar glücklicherweise noch Fidi (Siegfried) hinzu, aber zwischen dem und mir bedarf es eines Gliedes, das nur Sie bilden können, etwa wie der Sohn zum Enkel" (NB. II 85). — Aber auch Erwin Rohde hatte eine Schrift gegen Möllendorf erscheinen lassen: „Afterphilologie, Sendschreiben eines Philologen an Richard Wagner": „In Wahrheit müssen durch einen solchen Angriff auch die Freunde des Autors sich mitbeleidigt fühlen. — Ich bin stolz und glücklich mich zu diesen Freunden zählen zu dürfen, und denke meinerseits einem solchen Freunde Treue zu halten." Am Schlusse empfiehlt er dem Verfasser des Pamphlets, den weisen Rat Heraklits zu befolgen: „Besser ist es, die eigene Unwissenheit zu verbergen, als sie prunkend zur Schau zu stellen." (NB. II 92/93.) — Möllendorf hatte dann mit einer zweiten Broschüre: „Der Zukunftsphilologie zweites Stück" nochmals geantwortet. Nietzsche schrieb über Rohdes Schrift an diesen: „Daß Du hierin zu mir stehst, wird allerdings ein unerhörtes Aufsehen unter dem philosophischen Bienenstock machen; ich weiß, daß es keinen zweiten Menschen gibt, von dem ich ein solches Freundschaftsgeschenk erhoffen dürfte. In Leipzig ist eine Stimme über meine Schrift; wie sie lautet, hat der brave und von mir sehr geachtete Usener in Bonn vor seinen Studenten, die ihn gefragt haben, verraten: es sei der bare Unsinn, mit dem rein gar nichts anzufangen sei; der so etwas geschrieben habe, sei wissenschaftlich tot. Es ist, als ob ich ein Verbrechen begangen hätte; man hat zehn Monate jetzt geschwiegen, weil wirklich alles glaubt, so gänzlich über meine Schrift hinaus zu sein, daß kein Wort darüber zu verlieren sei! — Nun Deine Schrift, in ihrer Großherzigkeit und kühnen Kriegsgenossenschaft mitten in das gackernde Völkchen hineinfallend, welches Schauspiel! Mir gefällt vor allem, immer den tiefen dröhnenden Grundton wie bei einem starken Wasserfall mitzuhören, durch den eine jede Polemik erst geweiht wird und den Eindruck der Größe macht, jenen Grundton, in dem Liebe, Vertrauen, Mut, Kraft, Schmerz, Sieg und Hoffnung zusammenklingen. Auch aus Wagners Seele heraus bin ich stolz und glücklich, denn Deine Schrift bezeichnet einen merkwürdigen Wendepunkt in seiner Stellung zu den wissenschaftlichen Kreisen Deutschlands. Und das gerade macht den heutigen Tag mir zu dem glücklichsten, den ich lange erlebt: ich sehe, was Du in Deiner Freundschaft für mich, für Wagner getan hast." Und Nietzsche fügt hinzu: Du kennst doch Wagners neueste Schrift „über Schauspieler und Sänger", ein ganz neu entdecktes Bereich der Ästhetik, und wie fruchtbar gewendet erscheint mancher Gedanke aus der „Geburt der Tragödie" (NBrA. 144/146). Wagner hatte in dieser neuen Schrift einen Abriß der Geschichte der Kunst betreffend Schauspieler und Sänger geboten, und am Beispiele der Wilhelmine Schröder-Devrient als Grundzug der Kunst der erhabenen Täuschung und aller Selbstentäußerung die Wahrhaftigkeit hingestellt. — Auch an Malwida von Meysenbug berichtete Nietzsche über die Apologie Rohdes, die dieser ebenso mit dem Schwert als mit der Feder, und mit großer Überlegenheit über seinen Gegner geschrieben habe: „Ich habe es nämlich durch meine „Geburt der Tragödie" dazu gebracht, der anstößigste Philologe des Tages zu sein, für den einzutreten ein wahres Wunder der Kühnheit sein mag, da alles einmütig ist, über mich den Stab zu brechen." (NBrA. 148.)

An Wagner berichtete er: Ich bin unter meiner Fachgenossenschaft plötzlich so verrufen geworden, daß unsere kleine Universität Schaden leidet. So ist mir denn auch von einem Studenten berichtet worden, der erst nach Basel kommen wollte, dann in Bonn zurückgehalten wurde, und nun an einen Basler Verwandten schrieb, er danke Gott, nicht an eine Universität gegangen zu sein, wo ich Lehrer sei. — Der einer kleinen Universität von mir erwiesene Schaden schmerzt mich sehr, und dürfte auf die Dauer mich zu Entschlüssen drängen, die bei mir schon aus andern Rücksichten immer von Zeit zu Zeit einmal auftauchen. Ihre herrliche Schrift „über Schauspieler und Sänger" hat bei mir wieder die Sehnsucht erregt, es möge jemand einmal aus Ihren ästhetischen Forschungen und Feststellungen einen zusammenfassenden Bericht machen, um zu zeigen, daß inzwischen die ganze Kunstbetrachtung sich so verändert, vertieft und bestimmt hat, daß von der traditionellen Ästhetik im Grunde nichts mehr übrig bleibt! — Ich knüpfe an Ihre Tragödien die herrliche Hoffnung, daß von hier aus Maß, Ziel und Regel für einen deutschen Stil der Bewegung, der plastischen Wirklichkeit sich finden müsse. Mit diesem vorbereitenden Gedanken las ich Ihre Schrift wie eine Offenbarung.“ (BBl. 1908 S. 12/13.)

Aber die Aufregung über die „Geburt der Tragödie“ wollte nicht zur Ruhe kommen; noch unterm 31. Januar 1873 schrieb Nietzsche an seine Angehörigen: In Leipzig ist immer großer Zorn auf mich; Frau Wagner hat mit dem alten Brockhaus (dem Verleger des Konversationslexikons) ein ganz heftiges Gefecht über mich gehabt, in welchem unbegreifliche Dinge zutage gekommen sind. (NBr. V.)

## V. Der Gedanke von Bayreuth.

Inzwischen war aber in Wagner der Gedanke von Bayreuth aufgestiegen und zur Tat geworden; unterm 29. April 1872 war bereits Wagner von Triebschen nach Bayreuth übersiedelt, wo er sein Festspielhaus errichten wollte, in welchem seine Kunstschöpfungen eine stilgemäße Pflegestätte finden und mit welchem seine Kulturbestrebungen sich verwirklichen sollten. — Unterm 14. Februar 1872 schreibt Nietzsche seinen Angehörigen: Wagners übersiedeln ab Mai nach Bayreuth über, zunächst in ihre Sommerwohnung in der Fantaisie. Zu Pfingsten bin ich in Bayreuth bei der dreifachen Festlichkeit an Wagners Geburtstag: Grundsteinlegung von Wagners Theater, von Wagners Haus, und bei der glänzendsten Aufführung der IX. Symphonie. (NBr. V.) Und am 1. Mai 1872 schrieb er an Gersdorff: Vorigen Sonnabend war trauriger und tiefbewegter Abschied von Triebschen; Triebschen hat nun aufgehört. Wie unter lauter Trümmern gingen wir herum, die Rührung lag überall, in der Luft, in den Wolken; der Hund fraß nicht; die Dienerschaft war, wenn man mit ihr redete, in beständigem Schluchzen. Wir packten die Manuskripte, Briefe und Bücher zusammen; ach, es war so trostlos. Diese drei Jahre, die ich in der Nähe von Triebschen verbrachte, in denen ich dreiundzwanzig Besuche dort gemacht habe, was bedeuten sie für mich!" (NBrA. 141.) Aber bereits dachte Nietzsche daran, für Bayreuth Propaganda zu machen; die Gründung einer Kulturzeitschrift war schon in Triebschen besprochen worden. Jetzt schreibt Nietzsche am 12. April 1872 an Rohde, er möchte seine Basler Professur übernehmen; „ich selbst nämlich will den nächsten Winter herumziehen im deutschen Vaterland, das heißt, eingeladen von den Wagnervereinen der größern Städte, um Vorträge über die Nibelungenfestspiele zu halten." (NBrA. 137.) Und an Gersdorff berichtet er: Sehr schön sollen die Publikationen des studentischen Wagnervereins sein; ich halte den Gedanken für äußerst glücklich, daß er die geistige Agitation vor allem übernehmen will, die Aufklärung über die Bedeutung dieser bevorstehenden Feste. (NBrA. 140.) — Im Sommer 1872 hatte er auch einer Tristanaufführung unter Bülows Leitung in München angewohnt. Jetzt schrieb er „Bayreuther Horizont-Betrachtungen"; es sollte darin die Herrschaft der Kunst über das Leben dokumentiert werden; auch „Bayreuther Pfingsthoffnungen" wurden ins Auge gefaßt, worin Musik, Drama und Leben als Morgenröteperspektiven geschildert werden sollten. An der Grundsteinlegung zum Bayreuther Festspielhause aber hatte er am 22. Mai 1872 persönlich teilgenommen. Im Bayreuther Stadttheater wurde unter Wagners Direktion von deutschen Musikern und deutschen Sängern Beethovens IX. Symphonie vorgetragen! „wem schwebte da nicht ein tönend belebtes Bild vor, das ihn den Triumph des deutschen Geistes unabweisbar deutlich erkennen ließ?" schrieb Wagner darüber. — Im „Schlußberichte über Umstände und Schicksale, welche die Ausführung des Bühnenfestspieles Der Ring des Nibelungen bis zur Gründung von Wagnervereinen begleiteten" hat Wagner (Ges. Schriften Bd. IX S. 326 ff.) diese Grundsteinlegung geschildert. Der in den Grundstein zu beschließenden Kapsel wurden Dokumente und ein von Wagner aufgezeichneter Vers: „Hier schließ ich ein Geheimnis ein, drinn ruh' es viele hundert Jahr; solange es verwahrt der Stein, mach' es der Welt sich offenbar!" übergeben. Wagner selbst hielt eine Rede, worin er namentlich das Vertrauen auf den deutschen Geist und die Hoffnung auf dessen Offenbarung äußerte. „Dies aber ist das Wesen des deutschen Geistes, daß er von innen baut; der ewige Gott lebt in ihm wahrhaftig, ehe er sich auch den Tempel seiner Ehre baut; und dieser Tempel wird dann geradeso den innern Geist nach außen kundgeben, wie er in seiner reichsten Eigentümlichkeit sich selbst angehört. So will ich diesen Stein als den Zauberstein bezeichnen, dessen Kraft die verschlossenen Geheimnisse jenes Geistes Ihnen lösen sollen. — Und so sei er geweiht von Ihrer Liebe, von Ihren Segenswünschen, von dem tiefen Danke, den ich Ihnen trage; er sei geweiht von dem deutschen Geiste, der über die Jahrhunderte hinweg Ihnen seinen jugendlichen Morgengruß zujauchzt!" — Nietzsche schrieb hierüber an Gersdorff: Diese heiligernsten Erinnerungen wird uns niemand rauben können; durch sie gefeit und für sie kämpfend, müssen wir nun durchs Leben gehen, und vor allem bestrebt sein, in allen unseren Hauptschritten so ernst und kräftig als möglich zu sein, um uns jener großen Erlebnisse und Aufzeichnungen würdig zu erweisen. (NB. II 78.) Und in seiner spätern Schrift: „Wagner in Bayreuth" hatte Nietzsche über die Grundsteinlegung folgendes geschrieben: Wagner fuhr bei strömendem Regen und verfinstertem Himmel mit einigen von uns zur Stadt zurück. Er schwieg und sah dabei mit einem Blick lange in sich hinein, der mit einem Worte nicht zu bezeichnen wäre; er begann an diesem Tage sein sechzigstes Lebensjahr. Man weiß, daß Menschen in einem Augenblicke außerordentlicher Gefahr, oder überhaupt in einer wichtigen Entscheidung ihres Lebens durch ein beschleunigtes inneres Schauen alles Erlebte zusammendrängen, und mit seltenster Schärfe das Nächste wie das Fernste wiedererkennen. Was mag Alexander der Große in jenem Augenblicke gesehen haben, als er Asien und Europa aus einem Mischkrug trinken ließ. Was aber Wagner an jenem Tage innerlich erschaute, wie er wurde, was er ist, was er sein wird, das können wir, seine Nächsten, bis zu einem gewissen Grade nachschauen, und erst von diesem wagnerischen Blick aus werden wir seine große Tat selbst verstehen können, um mit diesem Verständnis ihre Fruchtbarkeit zu verbürgen. (NTA. Bd. 2 S. 409.) — Wenn Nietzsche an Rohde 1872 schrieb: „Ich habe mit Wagner eine Alliance geschlossen; Du kannst Dir gar nicht denken, wie nahe wir uns jetzt stehen, und wie unsere Pläne sich berühren!" (NB. II 203), so mag dies absolut richtig sein; dies zeigte sich in Kleinigkeiten wie in der Propaganda im großen. Als der Münchner Arzt Dr. Puschmann in einer Broschüre den Nachweis versuchte, daß Wagner an Größenwahn leide, und Professor Alfred Dove, damaliger Herausgeber der Zeitschrift „Im neuen Reich", in einem Artikel dieser Schrift hohe Anerkennung zollte, hatte Nietzsche unterm 17. Januar 1873 im „Musikalischen Wochenblatt" einen Gegenartikel verfaßt. Wie aus einer Zuschrift an Malwida von Meysenbug hervorgeht, hatte er auch die Anregung zur Begründung von Wagnervereinen gemacht. Wagner wiederum hatte ihm die Gesamtausgabe seiner Schriften übersandt mit den Worten: „Schwert, Stock und Pritsche, kurz, was im Verlag von Fritzsche schrei, lärm' oder quietsche, das schenk' ich meinem Nietzsche." (NB. II 210, 212, 218.) Auch Besuche wurden in Bayreuth gemacht; so schrieb Nietzsche nach Hause unterm 29. April 1873: Ich war mit Rohde zusammen in Bayreuth von Palmsonntag bis Ostersonntag. (NB. V.) — Ende 1873 fand eine Versammlung der Patrone der Bayreuther Unternehmung zu Bayreuth statt; Nietzsche hatte auf Ansuchen des Vorstandes der Wagnervereine einen Aufruf an die deutsche Nation verfaßt; die Delegierten hatten jedoch denselben als zu ernst und zu pessimistisch abgelehnt, und es wurde von Professor Adolf Stern, Dresden, ein optimistisch gefärbter Aufruf angenommen. In dem Hilf- und Mahnruf Nietzsches heißt es: daß der große tapfere, unbeugsame und unaufhaltsame Kämpfer Richard Wagner schon jahrzehntelang unter dem gespannten Aufmerken fast aller Nationen für jene Gedanken einsteht, denen er in seinem Bayreuther Kunstwerk die letzte und höchste Form und eine wahrhaft siegreiche Vollendung zu geben verheißt. Was für eine Bewegung der Gedanken,

Handlungen, Hoffnungen und Begabungen damit eingeleitet wird, daß vor den Augen mitwissender Vertreter des deutschen Volkes der viergetürmte Nibelungenriesenbau nach dem allein von seinem Schöpfer zu erlernenden Rhythmus sich aus dem Boden hebt, wer möchte kühn genug sein, hier auch nur ahnen zu wollen! Daß bei dem Worte Bayreuth die Nation in Betracht komme, ja selbst über die Grenzen der deutschen Nation hinaus alle diejenigen zu ernster und tätiger Beteiligung angerufen sind, denen die Veredlung und Reinigung der dramatischen Kunst am Herzen liegt, und die Schillers wunderbare Ahnung verstanden haben, daß vielleicht einmal aus der Oper sich das Trauerspiel in einer edleren Gestalt entwickeln werde. Ehrwürdig und heilbringend wird der Deutsche erst dann den andern Nationen erscheinen, wenn er gezeigt hat, daß er furchtbar ist, und es doch durch Anspannung seiner höchsten und edelsten Kunst- und Kulturkräfte vergessen machen will, daß er furchtbar war. (NB. II 218/223.)

Als aber im Jahre 1873 das Bayreuther Unternehmen schwankend geworden war, indem anstatt mindestens tausend Patronatsscheine erst zweihundert gezeichnet waren, entschloß sich Nietzsche, sein griechisches Philosophenbuch beiseite zu legen, und sich am Kampfe der Gegenwart zu beteiligen, „aus Desperation wegen Bayreuth". Er schrieb von 1873—76 vier „Unzeitgemäße Betrachtungen"; hatte er doch selbst Wagner als „unzeitgemäß im schönsten Sinne" bezeichnet. Die erste war: „David Friedrich Strauß, der Bekenner und Schriftsteller" betitelt, und schilderte den Bildungsphilister. „Der erste Angriff galt der deutschen Bildung, auf die ich damals schon mit schonungsloser Verachtung hinblickte, ohne Sinn, ohne Substanz, ohne Ziel, eine bloße öffentliche Meinung." (E. 69.) Und die zweite: „Vom Nutzen und Nachteil der Historie für das Leben": Die Kultur kann nur aus dem Leben herauswachsen, als Heilmittel Kunst und Religion! Dabei erklärte er es als Aufgabe der Geschichte, zur Erzeugung der Großen Anlaß zu geben; das Ziel der Menschheit kann nur in ihren höchsten Exemplaren liegen. — Auch eine Abhandlung über „Wir Philologen“ wurde geschrieben. Eine daherige Aufzeichnung lautet: Wie es mit den Philologen steht, zeigt ihre Gleichgültigkeit beim Erscheinen Wagners; sie hätten noch mehr lernen können, als durch Goethe. Die größten Ereignisse, welche die Philologie getroffen haben, sind das Erscheinen Goethes, Schopenhauers und Wagners. (NW. Bd. X S. 379, 356.) Wagner schrieb nunmehr an Nietzsche: Nun kommen Sie gar mit Ihrem Strauß und Overbeck mit seiner der Theologie zu imprimierenden Christlichkeit; das ist nun gerade, um rasend zu werden, und zwar in dem Sinne des isländischen Skalden Eigil, von dem ich Ihnen einmal erzählt habe, daß er bei einer Heimkehr nach mühseliger Meerfahrt den prachtvollen Schild eines seiner Freunde in seinem Hause zurückgelegt fand; er schrie: den hat er mir nur hergehängt, daß ich ein Gedicht darauf machen soll; ist er schon lange fort? Ich will ihm nach, und ihn totschlagen! Er holte ihn aber nicht mehr ein, kam verdrießlich zurück, betrachtete sich den Schild genau, und machte ein Gedicht darauf! — Was Sie betrifft, so wiederhole ich Ihnen den Einfall, den ich kürzlich einmal gegen die Meinigen äußerte, nämlich, daß ich die Zeit voraussehe, in welcher ich Ihr Buch (Geburt der Tragödie) gegen Sie zu verteidigen haben werde. Ich habe wieder darin gelesen, und schwöre Ihnen zu Gott, daß ich Sie für den einzigen halte, der weiß, was ich will. (NB. II 131.)

Franz Overbeck, der intime Freund Nietzsches, bekleidete eine Professur für Theologie an der Universität Basel, und sein Buch trug den Titel: „Christlichkeit in der heutigen Theologie.“ — Auf die Zusendung der zweiten Unzeitgemäßen antwortete Wagner: „In aller Kürze hätte ich Ihnen nur das eine zuzurufen gehabt, daß ich einen schönen Stolz empfinde, um nichts mehr zu sagen zu haben, und Ihnen alles weitere überlassen zu können!“ und Cosima schrieb einen langen Brief, worin es heißt: „Was mich persönlich an Ihrer Schrift ganz besonders ergriffen hat, ist die mir durch sie noch klarer gewordene Gewißheit, daß Ihnen an dem Leiden des Genius in unserer Welt die Erleuchtung der ganzen Zustände geworden ist, und daß Sie nicht nur mit den Augen der Intelligenz, sondern mit den tieferblickenden des Herzens sahen! Sie haben eine schöne Schrift geschrieben; fürs übrige laß Hans Sachs nur sorgen, will ich alles Hoffende sagen, und mir unter Hans Sachs ein deutsches Volk vorstellen." (NB. II 146/147.) — Die dritte Schrift war „Schopenhauer als Erzieher"; Nietzsche schilderte darin, daß er auf dem Pfade, wahre Philosophen als Erzieher zu suchen, Schopenhauer kennen gelernt habe. Schopenhauer erscheint als Führer, welcher aus der Tiefe des skeptischen Unmutes oder der kritisierenden Entsagung hinauf zur Höhe der tragischen Betrachtung leitet. Im tiefen Verlangen nach dem Genius liegt die Wurzel aller wahren Kultur. Schopenhauer erscheint als Vorbild für Verklärer des eigenen Lebens; der Schopenhauersche Mensch nimmt das freiwillige Leiden der Wahrhaftigkeit auf sich, und dieses Leiden dient ihm, die Umkehr seines Willens vorzubereiten, zu der zu führen der eigentliche Sinn des Lebens ist. Die wahrhaften Menschen sind Philosophen, Künstler und Heilige; der Grundgedanke der Kultur ist, die Erzeugung dieser in uns und außer uns zu fördern, und dadurch an der Vollendung der Natur zu arbeiten. Die Forderung ist zu begreifen, daß die Menschheit jene geistigen Bedingungen aufzusuchen und herzustellen hat, unter denen jene großen erlösenden Menschen entstehen können. Der Glaube an eine metaphysische Bedeutung der Kultur soll ermöglicht werden. Schopenhauer hatte das unbeschreibliche Glück, nicht nur in sich den Genius aus der Nähe zu sehen, sondern auch außer sich in Goethe. Bedingungen für die Existenz des philosophischen Geistes sind: freie Männlichkeit des Charakters, frühzeitige Menschenkenntnisse, kein Zwang zum Broterwerb, keine Beziehung zum Staate, Freiheit. (NTA. Bd. 2 S. 221/299.) Die ideale Kultur besteht nach alledem in einem aristokratischen Individualismus, der Herrschaft der Züchtung, dem Kultus des Genies, dem Geiste nach in der Wiedergeburt des vorsokratischen Griechentums; sie hat im Gegensatz zu stehen zum demokratischen Kommunismus der Gegenwart, der Herrschaft und Züchtung einer wissenschaftlich gebildeten Durchschnittsmasse, dem Geiste nach im Spiegel der alexandrinischen Kulturepoche, sagt Raoul Richter. (R. 142.) Frau Cosima schrieb Nietzsche ausführlich; es heißt in dem Schreiben: Heil Ihnen, mein Freund, daß Sie das innerste Wesen des Genius so ergründen konnten, und aus dem Schacht der Erkenntnis den Hort an das Tageslicht bringen. Ihr durchdringender Blick, Ihre Entschlossenheit, die sichere Kühnheit Ihrer Handlungen bleiben unverloren! (NB. II 161.)

## VI. Ketzerstimmungen und weihevolle Festgabe.

Hat Nietzsche in „Schopenhauer als Erzieher" die Persönlichkeit des Philosophen großartig uns verdeutlicht, so hatte er dagegen schon frühzeitig seine Lehren angegriffen, namentlich in bezug auf Verneinung des Lebens, Wille, christliche Moral und Tragödie. Derartige Aufzeichnungen von 1870 bis 1874 besagen: Die Hingabe an den Weltprozeß ist ebenso dumm, wie die individuelle Willensverneinung. Der Wille hält uns am Dasein fest und wendet jede Überzeugung hin zu einer Ansicht, die das Dasein ermöglicht, eben daher der Unsterblichkeitsglaube. Der Wille in seinem ungeheuren Bestreben zum unendlichen Dasein bejaht auf das stärkste, was das Dasein verbürgt: das Christentum, die Moral; auf die reine Gier zum Dasein gründet sich die Ethik. Die asketischen Richtungen sind aufs höchste wider die Natur, und meist nur die Folge der verkümmerten Natur. Die Kunst ist ein sicheres Positivum gegenüber dem erstrebenswerten Nirwana. Einzige Möglichkeit des Lebens in der Kunst, sonst Abwendung vom Leben. Die Erscheinungswelt ist ein fortwährendes Symbolisieren des Willens. Die Weltverneinung ist ein unglaublicher Standpunkt, er wird aber eskamotiert durch eine andersartige Verherrlichung des Daseins, den Unsterblichkeitsglauben. — Der Illusionshintergrund der Tragödie ist Seligkeit im Erkennen des Wahnes. Darin triumphiert der Wille, er sieht seine schrecklichste Konfiguration als den Born einer Daseinsmöglichkeit an. Alles was lebt, lebt am Scheine, der Wille gehört zum Schein, der Schein zwingt zum Werden des Genius; in den großen Genien und Heiligen kommt der Wille zu seiner Erlösung. Der Wille zum Dasein benützt die Philosophie zum Zwecke einer höheren Daseinsform; es ist nicht möglich, daß Kunst und Philosophie sich gegen den Willen richten könnten. Eine der zartesten Daseinsformen ist das relative Nirwana. (NW. Bd. IX S. 73/82, 101/167, 193/211; Bd. X 116, 126.) In einer Abhandlung „Musik und Wort" (NTA. Bd. I), worin Nietzsche einen Artikel Schopenhauers zur Metaphysik des Schönen und Ästhetik behandelt, schreibt er sogar: Die Musik kann nie Mittel zum Zwecke werden; die Oper als Kunstgattung nach jenem Begriffe ist nicht sowohl Verirrung der Musik als eine irrtümliche Vorstellung der Ästhetik. — Lichtenberger sagt hier: Nietzsche ist Pessimist; nur daß er aus seinem Pessimismus nicht die Notwendigkeit der Entsagung, sondern vielmehr die Notwendigkeit des Heroismus folgert; nur daß er, statt auf die Verneinung des Lebenswillens auszugehen, diesen Willen, der das ewige Leben will, wie der dionysische Grieche bewundert, verehrt und mit allen Mitteln rechtfertigt. (L. 58.) Raoul Richter ist der Ansicht, daß solche Aufzeichnungen die Nachwirkungen von Langes „Geschichte des Materialismus" sind. Kunst, Religion und Philosophie sind ihm daher nicht, wie Schopenhauer, lebenfeindliche, sondern lebenfördernde und daseinssteigernde Mächte; und sie sind es auch ihm noch deshalb geworden, weil er dabei an Wagners kulturreformatorische Tätigkeit dachte. (R. 156.) Aber die ketzerischen Gedanken erstreckten sich nicht allein auf Schopenhauer, sondern gerade auch auf Wagner selbst.

Wohl finden sich in den Nachlaßschriften Nietzsches aus jener Zeit eine größere Anzahl begeisterter Aufzeichnungen über den Bayreuther Meister: Unsere musikalische Entwicklung ist das Hervorbrechen des dionysischen Triebes. Ich erkenne die einzige Lebensform in der griechischen und betrachte Wagner als den erhabensten Schritt zu deren Wiedergeburt im deutschen Wesen. Die griechische Welt erscheint als die einzige und tiefste Lebensmöglichkeit. Wir erleben das Phänomen wieder, das uns entweder nach Indien oder nach Griechenland treibt; dies das Verhältnis von Schopenhauer und Wagner. Verständnis der Welt in Symbolen ist die Voraussetzung einer großen Kunst; für uns ist die Musik zum Mythus, zu einer Welt von Symbolen geworden; wir verhalten uns zur Musik wie der Grieche zu seinen symbolischen Mythen. Jener Wille, der unter allen Gefühlen und Erkenntnissen sich bewegt und den die Musik darstellt, ist der empirischen Welt gegenüber ein paradiesisch-ahnungsreicher Urzustand, der sich zur Welt verhält, wie die Idylle zur Gegenwart. Wagners Musik imitiert die Urmusik, die Wirkung ist die ergreifendste. (NW. Bd. IX S. 116/257.) Und in den Vorarbeiten zur vierten unzeitgemäßen Betrachtung „Wagner in Bayreuth" heißt es: Ich wüßte nicht auf welchem Wege ich je des reinsten sonnenhellen Glücks teilhaftig geworden wäre, als durch Wagners Musik. Wotans Verhältnis zu Siegfried ist etwas Wundervolles, wie es keine Poesie der Welt hat. Die Liebe, die erzwungene Feindschaft und die Lust am Vernichten; dies ist höchst symbolisch für Wagners Wesen; Liebe für das, wodurch man erlöst, gerichtet und vernichtet wird; aber ganz göttlich empfunden. Die Treue gegen sich selbst oder gegen ein höheres Selbst, eines weiblichen zu einem männlichen ist das innerste Problem Wagners, von da aus versteht er die Welt; die Treue ist bei Wagner sogar der universellere Begriff, unter den die Liebe fällt, die Geschlechts-, Geschwister- und Kinderliebe. Das Herrlichste ist wohl Brunhilde, die gegen den Befehl Wotans Siegmund Treue bewahrt und dadurch die Erlösung der Welt möglich macht, ein mythischer Gedanke von höchstem Range, und ganz ihm zu eigen. Die Liebe in Tristan ist nicht schopenhauerisch, sondern empedokleisch (?) zu verstehen, es fehlt ganz das Sündliche, sie ist Anzeichen und Gewähr einer ewigen Einheit. Nun liegt die Religion der Musik um sein ganzes Wesen; er fühlt es, wie Verträge, Macht, Glanz, Kampf und Sieg nicht beseligt, wie alles mächtige Wollen ungerecht macht und so nennt er die Liebe das Höchste. Wagner sieht das Gewordene und Vergangene auch in der wunderbaren Bedeutung des Todes; der Tod ist das Siegel auf jede große Leidenschaft und Heldenhaftigkeit; für ihn reif sein ist das Höchste, was erreicht werden kann; jeder solcher Tod ist ein Evangelium der Liebe, und die ganze Musik ist eine Art Metaphysik der Liebe. Es sind Elemente da in Wagner, die reaktionär erscheinen, das Mittelalterlich-Christliche, die Fürstenstellung, das Buddhaistische, das Wunderhafte; diese Dinge sind beim Künstler künstlerisch, nicht dogmatisch zu nehmen. Die Anlage jedes Wagnerischen Dramas ist von einer Einfachheit, welche noch größer ist, als die der antiken Tragödie, und dabei ist die dramatische Spannung die höchste; das liegt in der Wirkung der großen Formen, ihrer Gegensätze, ihrer einfachen Bindungen, das ist das Antike an dem Bau dieser Dramen. Zukunft von dem Bayreuther Sommer: Vereinigung aller wirklich lebendigen Menschen; Künstler bringen ihre Kunst heran, Schriftsteller ihre Werke zum Vortrage, Reformatoren ihre neuen Ideen. Ein allgemeines Bad der Seelen soll es sein; dort erwacht der neue Genius, dort entfaltet sich ein Reich der Güte. (NW. Bd. X S. 452—469.)

Die Ketzergedanken von 1874 über Wagner aber waren keine Vorarbeiten zur vierten Unzeitgemäßen, sondern, wie der Nachbericht zu Bd. X NW. sagt: ein Monolog, der deutlich zeigt, welch schwere Bedenken ihm Wagners Kunst einflößte, und welche Opfer diese Freundschaft von seiner intellektuellen Rechtschaffenheit heischte. — Schon zu Beginn 1873 schrieb er an Rohde: „Von Meister und Frau Wagner habe ich herrliche Briefe; es kam zutage, was ich gar nicht wußte, daß Wagner über mein Nichtkommen zu Neujahr sehr gekränkt gewesen ist. Gott weiß übrigens, wie oft ich dem Meister Anstoß gebe; ich wundere mich jedesmal von neuem, und kann gar nicht recht dahinterkommen, woran es eigentlich liegt. Ich kann mir gar nicht recht denken, wie man Wagner in allen Hauptsachen mehr Treue halten könne, und tiefer ergeben sein könne, als ich es bin. Aber in kleinen untergeordneten Nebenpunkten, und in einer gewissen für mich notwendigen beinahe sanitarisch zu nennenden Enthaltung von häufigerem persönlichen Zusammenleben muß ich mir meine Freiheit wahren, wirklich nur, um jene Treue in einem höhern Sinne halten zu können." Und an Gersdorff schreibt er im Sommer 1874: „Wir wissen ja beide, daß Wagners Natur sehr zu Mißtrauen neigt; aber ich dachte nicht, daß es gut sei, dieses Mißtrauen noch zu schüren!" (NB. II 214, 230.) Im Februar 1874 meldete er an Rohde, daß die Bayreuther Aufführungen endgültig gesichert sind; so wäre denn das Wunder geschehen, es war ein trostloser Zustand seit Neujahr, vor dem ich mich endlich nur auf die wunderlichste Weise retten konnte. Ich begann mit der größten Kälte der Betrachtung zu untersuchen, weshalb das Unternehmen mißlungen sei; dabei habe ich viel gelernt, und glaube, jetzt Wagner viel besser zu verstehen als früher. Ist das Wunder wahr, so wirft es das Resultat meiner Betrachtungen nicht um; aber glücklich wollen wir sein und ein Fest feiern, wenn es wahr ist." (NBrA. S. 169/171.) Wagner hatte Nietzsche wiederholt eingeladen, dieser aber abgelehnt; einmal schrieb er, daß er die Ferien auf einsamem Schweizerberge verbringen wolle, worauf Wagner antwortete: Klingt das nicht wie sorgsame Abwehr einer etwaigen Einladung unsererseits; wir können Ihnen etwas sein; warum verschmähen Sie dies angelegentlich? (NB. II 235.)

Die gegen Wagner gerichteten Gedanken haben folgendes zum Inhalte: Wagner versucht die Erneuerung der Kunst von der einzigen noch vorhandenen Basis aus, vom Theater aus; hier liegt Wagners Bedeutung; er versucht die Tyrannis mit Hilfe der Theatermassen. Einwirkung der Geldkrisen, allgemeine Unsicherheit der politischen Lage, Zweifel an der besonnenen Leitung der deutschen Geschicke. Die Bedeutung der Kunst, wie sie Wagner hat, paßt nicht in unsere gesellschaftlichen und arbeitenden Verhältnisse. Unbändigkeit, Maßlosigkeit, schauspielerische Begabung als Eigenschaften

Wagners. Wagner steht zur Musik wie ein Schauspieler, deshalb kann er gleichsam aus verschiedenen Musikerseelen sprechen, und ganz diverse Welten nebeneinander hinstellen! Wagner schätzt das Einfache der dramatischen Anlage, weil es am stärksten wirkt. Wirksame Elemente: das Prächtige, Berauschende, Verwirrende, Grandiose, Schreckliche, Lärmende, Häßliche, Verzückte, Nervöse, alles ist im Recht. Die organische Einheit liegt bei Wagner im Drama, durchdringt aber deshalb oft nicht die Musik, ebensowenig den Text. Unmäßigkeit und Schrankenlosigkeit galt ihm wohl als Natur. Die Sprache wird auf den stärksten Ausdruck gesteigert, Stabreim. Die Deutlichkeit der Sprache ist nicht das Höchste, sondern die berauschende Kraft der Ahnung. Gefahr, daß in den Bewegungen und Handlungen des Dramas die Motive für die Bewegung der Musik liegen, daß sie geleitet wird. Die Musik gilt Wagner als Mittel des Ausdrucks, sehr charakteristisch für den Schauspieler. Er benutzt Gebärde, Sprache, Sprachmelodie, und dazu noch die anerkannten Symbole des Musikausdrucks; jetzt ist wirklich die Musik ein Mittel des Ausdrucks geworden, steht deshalb auf einer niedern Stufe, denn sie ist nicht mehr organisch in sich. Der Dramatiker darf aber zugunsten des Dramas die Musik als Mittel gebrauchen, wie er die Malerei als Mittel gebraucht. Die künstlerische Kraft veredelt den unbändigen Trieb Wagners und engt ihn ein, sie veredelt die ganze Natur Wagners. Wagners Kunst hat etwas wie Flucht aus dieser Welt, sie negiert dieselbe, sie verklärt diese Welt nicht. Das scheint aber das Los der Kunst zu sein, sie nimmt der absterbenden Religion einen Teil ihrer Kraft ab, daher das Bündnis Schopenhauers und Wagners; der Schopenhauersche Wille zum Leben bekommt hier seinen Kunstausdruck. (NW. Bd. X S. 427/450.) Raoul Richter nennt diese Aufzeichnungen den Akt der Versuchung und den Beginn der vollbewußten Abkehr von Wagners Weltanschauung; sie greifen die Wagnersche Kunst an der Wurzel an. Ängstlich weicht Nietzsche dessen Einladungen in den Jahren 1874—76 aus. Die Briefe Wagners schnitten ihm tief in die Seele und erschütterten ihn immer wieder auf seiner eigenen Bahn. Da rafft er sich, innerlich schon ein Schwankender, noch einmal auf, faßt alles Große, was er einst an Wagner gesehen, in verklärtem Lichte zusammen, entwirft das Ideal des Künstlers in dithyrambischen Tönen, zeichnet ein strahlendes, zitterndes, glühendes Bild vor unser Auge, und nennt es seine vierte Unzeitgemäße „Richard Wagner in Bayreuth". (R. 46/47.) Unterm 7. Oktober 1875 aber schrieb Nietzsche an Rohde: Meine Betrachtung „Richard Wagner in Bayreuth" wird nicht gedruckt; sie ist fast fertig, ich bin aber weit hinter dem zurückgeblieben, was ich von mir fordere, und so hat sie nur für mich den Wert einer neuen Orientierung über den schwersten Punkt unserer bisherigen Erlebnisse." (NBrA. 196.) Als ihn jedoch Wagner im Mai 1876 einlud, schrieb er noch den Schluß der Abhandlung, und gab das Ganze in den Druck als Gabe zu den Festspielen. Das Werk aber hat folgendes zum Inhalt: Das Bayreuther Unternehmen ist die erste Weltumsegelung im Reiche der Kunst, wobei, wie es scheint, nicht nur eine neue Kunst, sondern die Kunst selber entdeckt wurde. In dem großen Blicke, mit dem wir auf das Ereignis von Bayreuth hinzusehen haben, liegt die große Zukunft jenes Ereignisses. Das Dramatische im Werden Wagners ist nicht zu verkennen von dem Augenblicke an, wo die in ihm herrschende Leidenschaft ihrer selber bewußt wird und seine ganze Natur zusammenfaßt. Das wunderbar strenge Urbild des Jünglings, den Siegfried im „Ring des Nibelungen", konnte nur ein Mann erzeugen, der seine Jugend erst spät gefunden hat; spät kam auch sein Mannesalter, so daß er wenigstens hierin der Gegensatz einer vorwegnehmenden Natur ist; sobald seine geistige und sittliche Mannbarkeit eintreten, beginnt auch das Drama seines Lebens. Durch Wagners Gestalten geht ein verbindender unterirdischer Strom von sittlicher Veredelung und Vergrößerung durch alle hindurch, der immer feiner und geläuterter flutet, und hier stehen wir vor einem innersten Werden in Wagners eigener Seele. Alles nimmt an dieser Läuterung teil und drückt sie aus, der Mythus nicht nur, sondern auch die Musik. Im „Ringe des Nibelungen“ finde ich die sittlichste Musik, die ich kenne, dort, wo Brunhilde von Siegfried erweckt wird. Hier reicht er hinauf bis zu einer Höhe und Heiligkeit der Stimmung, daß wir an das Glühen der Eis- und Schneegipfel in den Alpen denken müssen, so rein, einsam, schwer zugänglich, trieblos, vom Leuchten der Liebe umflossen, erhebt sich hier die Natur; Wolken und Gewitter, ja selbst das Erhabene sind unter ihr. In jedem, was er dachte und dichtete, hat Wagner das Problem der Treue ausgeprägt; es ist die eigenste Urerfahrung, welche Wagner in sich selbst erlebt hat, und wie ein religiöses Geheimnis verehrt. Niemand wird ihm den Ruhm mehr streitig machen, das höchste Vorbild für alle Kunst des großen Vortrages gegeben zu haben; aber er wurde noch viel mehr, und es war ihm so wenig als jemanden erspart, sich lernend die höchste Kultur anzueignen. Auf die Verbesserung der als veränderlich erkannten Seite der Welt loszugehen, lehren die wahren Philosophen durch die Tat dadurch, daß sie an der Verbesserung der Einsicht der Menschen arbeiteten; und Wagner ist dort am meisten Philosoph, wo er am tatkräftigsten und heldenhaftesten ist. Die Erde sehnt sich wieder nach der Hellenisierung; nicht den gordischen Knoten der griechischen Kultur zu lösen, wie es Alexander tat, sondern ihn zu binden, nachdem er gelöst war, das ist jetzt die Aufgabe; in Wagner erkenne ich einen solchen Gegenalexander, insofern gehört er zu den ganz großen Kulturgewalten. Für uns bedeutet Bayreuth die Morgenweihe am Tage des Kampfes. Wir sehen in jenem Bilde des tragischen Kunstwerkes von Bayreuth den Kampf der einzelnen mit allem, was ihnen als scheinbar unbezwingliche Notwendigkeit entgegentritt, mit Macht, Gesetz, Herkommen, Vertrag und ganzen Ordnungen der Dinge. Darin liegt die Größe und Unentbehrlichkeit der Kunst, daß sie den Schein einer einfachern Welt, einer kurzen Lösung der Lebensrätsel erregt. Der einzelne soll zu etwas Überpersönlichem geweiht sein, das will die Tragödie. Es gibt nur e i n e Hoffnung und e i n e Gewähr für die Zukunft des Menschlichen, daß die tragische Gesinnung nicht absterbe. Wagner fand ein Verhältnis zwischen zwei Dingen, die fremd und kalt wie in getrennten Sphären zu leben schienen, zwischen Musik und Leben, und zwischen Musik und Drama. Über dem Werden des wirklichen Wagner liegt eine verklärende und rechtfertigende Notwendigkeit; seine Kunst, im Entstehen betrachtet, ist das herrlichste Schauspiel, denn Vernunft, Gesetz, Zweck zeigt sich überall. Die gewaltigste Lebensäußerung Wagners ist jene dämonische Übertragbarkeit und Selbstentäußerung, welche sich andern ebenso mitteilen kann, als sie andere Wesen sich selber mitteilt, und im Hingeben und Annehmen ihre Größe hat. Indem der Betrachtende scheinbar der aus- und überströmenden Natur Wagners unterliegt, hat er an ihrer Kraft selber Anteil genommen, und ist so gleichsam durch ihn gegen ihn mächtig geworden; und jeder, der sich genau prüft, weiß, daß selbst zum Betrachten eine geheimnisvolle Gegnerschaft, die des Entgegenschauens gehört. In Wagner ist das Wesen des dithyrambischen Dramatikers, diesen Begriff so voll genommen, daß er zugleich den Schauspieler, Dichter und Musiker umfaßt, so wie dieser Begriff aus der einzig vollkommenen Erscheinung des dithyrambischen Dramatikers vor Wagner, aus Äschylus und seinen griechischen Kunstgenossen mit Notwendigkeit entnommen werden muß. Durch die Tragödie wird dem Leben seine herrlichste Weisheit, die des tragischen Gedankens geschenkt, und es erwächst der große Zauberer und Beglücker unter den Sterblichen, der dithyrambische Dramatiker. In Wagner stieg der herrschende Gedanke seines Lebens auf, daß vom Theater aus eine unvergleichliche Wirkung, die größte Wirkung aller Kunst ausgeübt werden könne. Wer sich über die Nachbarschaft des Tristan und der Meistersinger befremdet fühlen kann, hat das Leben und Wesen aller wahrhaft großen Deutschen in einem wichtigen Punkte nicht verstanden; er weiß nicht, auf welchem Grunde allein jene eigentlich und einzig deutsche Heiterkeit Luthers, Beethovens und Wagners erwachsen kann, jene goldhelle durchgegorene Mischung von Einfalt, Tiefblick der

Liebe, betrachtendem Sinne und Schalkhaftigkeit, wie sie Wagner als den köstlichsten Trank allen denen eingeschenkt hat, welche tief am Leben gelitten haben, und sich ihm gleichsam mit dem Lächeln der Genesenden wieder zukehren. Um sein größtes Werk in seinem eigensten Rhythmus zum Beispiel für alle Zeiten hinzustellen, erfand er den Gedanken von Bayreuth. Die Größe Wagners des Künstlers besteht in jener dämonischen Mitteilbarkeit seiner Natur, welche in allen Sprachen von sich redet, und das innere eigenste Erlebnis mit der höchsten Deutlichkeit erkennen läßt. Sein Auftreten in der Geschichte der Künste gleicht einem vulkanischen Ausbruche des gesamten mitgeteilten Kunstvermögens der Natur selber, nachdem die Menschheit sich an dem Anblicke der Vereinzelung der Künste wie an eine Regel gewöhnt hatte. Das Dichterische in Wagner zeigt sich darin, daß er in sichtbaren und fühlbaren Vorgängen, nicht in Begriffen denkt; daß er mythisch denkt, so wie immer das Volk gedacht hat. Und dies ist das Mächtigste an der Wagnerschen Begabung, für jedes Werk eine eigene Sprache auszuprägen, und der neuen Innerlichkeit auch einen neuen Leib, einen neuen Klang zu geben. Wagner erscheint als Bildner höchster Art, welcher wie Äschylus der kommenden Kunst den Weg zeigt. Wagners Musik als Ganzes ist ein Abbild der Welt, so wie diese von den großen ephesischen Philosophen verstanden wurde als die Einheit von Gerechtigkeit und Feindschaft. Als Künstler im ganzen betrachtet, hat Wagner etwas von Demosthenes an sich, den furchtbaren Ernst um die Sache und die Gewalt des Griffs, so daß er jedesmal die Sache faßt. Das tiefste Bedürfnis treibt ihn, für seine Kunst die Tradition eines Stils zu begründen. Keine ästhetischen Schriften bringen soviel Licht wie die Wagners; seine Gedanken sind überdeutsch, und die Sprache seiner Kunst redet nicht zu Völkern, sondern zu Menschen der Zukunft. — Und nun fragt euch selber, ihr Geschlechter jetzt lebender Menschen, ward dies für euch gedichtet; habt ihr den Mut, mit eurer Hand auf die Sterne dieses ganzen Himmelsgewölbes von Schönheit und Güte zu zeigen, und zu sagen:

es ist unser Leben, das Wagner unter die Sterne versetzt hat?! (NTA. Bd. 2 S. 405/497.)

Nietzsche übersandte das Buch an Wagner mit der Bemerkung, daß es eine Art von Bayreuther Festpredigt sei. Frau Förster schreibt über den Eindruck: „Frau Wagner las die halbe Nacht hindurch, und schickte am andern Morgen folgendes Telegramm: Ich verdanke Ihnen jetzt, teurer Freund, die einzige Erquickung und Erhebung nächst den gewaltigen Kunsteindrücken; möge dies als Dank Ihnen genügen!" — und Wagner schrieb: Freund, Ihr Buch ist ungeheuer; wo haben Sie nur die Erfahrung vor mir her?! (NB. II.) Und Nietzsche richtete eine Geburtstagsgratulation nach Bayreuth: Seit den ersten Besuchen in Triebschen leben Sie in mir und wirken unaufhörlich als ein ganz neuer Tropfen Blutes, den ich früher gewiß nicht in mir hatte! —

## VII. Bayreuther Festspiele und Sorrentiner Aufenthalt.

Als Wagner und Frau anfangs 1875 auf Wochen verreisen wollten, schrieb Frau Wagner an Nietzsche: Ob Ihre Fräulein Schwester mir die große Ehre erweisen würde, uns hier anfangs Februar zu besuchen, und nach unserer Abreise bei unsern Kindern zu verbleiben. — Daß ich von Ihnen und Ihrer Fräulein Schwester einen so großen Liebesbeweis erbitte, wird Ihnen wohl zeigen, wie ich unsere Beziehungen betrachte! — Und Nietzsche berichtete hierauf seiner Schwester: Wenn ich denke, welche mannigfache Verpflichtungen ich später einmal gegen Wagners Familie haben könnte, so erscheint es mir sehr wichtig, daß Du recht gut bekannt und eingewöhnt bist! (NBr. V.) Frau Förster hatte damals wirklich diese Einladung angenommen. Unterm 5. Mai 1875 schrieb ihr Nietzsche: Der Klavierauszug der „Götterdämmerung" ist erschienen, das ist der Himmel auf Erden! — Mitte Juli 1876 reiste Nietzsche zu den Proben der Festspiele nach Bayreuth; die Nachrichten an die Schwester über die Eindrücke klangen widersprechend. Schließlich meldete er: Seit drei Tagen habe ich an meinem Befinden nichts mehr auszusetzen; dafür lebe ich auch bei Fräulein von Meysenbug, bin von früh an im Garten, trinke Milch, bade im Flusse und esse so, wie es mir wohl bekommt! Inzwischen habe ich die ganze Götterdämmerung gesehen und gehört; es ist gut, sich daran zu gewöhnen, jetzt bin ich in meinem Elemente. — Ich muß mich aber sehr zusammennehmen, und weise alle Einladungen, auch bei Wagners, zurück; Wagner fand, daß ich mich rar machte! — Dann aber kam die Meldung: Ich sehne mich weg, mir graut vor jedem dieser langen Kunstabende; auch zur ersten Vorstellung will ich nicht da sein, sondern irgendwo, nur nicht hier, wo es mir nichts als Qual ist. (NB. II 244/45.) Tatsächlich reiste er nach Klingenbrunn, wo er Aufzeichnungen: „Die Pflugschar" machte. Betreffend den Aufenthalt schrieb er an seine mittlerweile in Bayreuth eingetroffene Schwester: „Der Ort hier ist sehr gut; tiefe Waldungen und Höhenluft wie im Jura. Hier will ich bleiben, zehn Tage vielleicht, aber nicht wieder über Bayreuth zurückkehren." Und unterm 6. August aus dem Gasthause zum Ludwigstein: „Ich weiß ganz genau, daß ich es dort (in Bayreuth) nicht aushalten kann, ja eigentlich hätten wir es vorher wissen sollen; denke nur, wie vorsichtig ich bisher leben mußte die letzten Jahre; ich fühle mich von dem kurzen Aufenthalte dort so erschöpft und ermüdet, ich komme gar nicht wieder recht zu mir! Ich muß alle Fassung zusammennehmen, um die grenzenlose Enttäuschung dieses Sommers zu ertragen!" (NBr. V.) Schon vor dem ersten Zyklus war er aber plötzlich nach zehntägiger Abwesenheit zurückgekehrt. Für den zweiten Zyklus aber wurden seine und seiner Schwester Sitze an Verwandte abgegeben, da ihm die Aufführungen zu anstrengend waren. Über dieses Bayreuther Erlebnis hat Nietzsche einige Aufzeichnungen aus den Jahren 1878 (NW. Bd. XI) und 1885 (NW. Bd. XIV) hinterlassen: Das wirkliche Bayreuth war nur wie der schlechte allerletzte Abzug eines Kupferstiches auf geringem Papier. Mein Fehler war, daß ich nach Bayreuth mit einem

Ideal kam; so mußte ich denn die bitterste Enttäuschung erleben, die Überfülle des Häßlichen, Verzerrten stieß mich zurück; eine Kaltwasserkur schien mir nötig. — Auch habe ich die Enttäuschung vom Sommer 1876 nicht überwunden; die Menge des Unvollkommenen am Werke und am Menschen war mir auf einmal zu groß, ich lief davon! — Es war im Sommer 1876, damals stieß ich wütend vor Ekel alle Tische von mir, an denen ich bis dahin gesessen hatte, und ich gelobte mir, lieber gar nicht mehr zu leben, als meine Mahlzeiten wie bisher unter dem Schauspielervolk und den höhern Kunstreitern des Geistes zu teilen, denn ich schien mir unter die Zigeuner und Spielleute, unter lauter Cagliostros und unechte Menschen zu geraten, und tobte darüber, dort geliebt zu haben, wo ich hätte verachten sollen. — Eines Tags im Sommer 1876 kam mir eine plötzliche Verachtung und Einsicht in mich, unbarmherzig schritt ich über die schönen Wunschbarkeiten und Träume hinweg, wie sie bis dahin meine Jugend geliebt hatte; unbarmherzig ging ich meines Weges weiter, eines Weges der Erkenntnis um jeden Preis! — Und in „Ecce homo“ S. 78/81 schreibt er darüber: Wer einen Begriff davon hat, was für Visionen mir schon in den Wochen der ersten Bayreuther Festspiele über den Weg gelaufen waren, kann erraten, wie mir zumute war, als ich eines Tages in Bayreuth aufwachte. Ich erkannte nichts wieder, ich erkannte kaum Wagner wieder; umsonst blätterte ich in meinen Erinnerungen: Triebschen eine ferne Insel der Glückseligen, kein Schatten von Ähnlichkeit; die unvergleichlichen Tage der Grundsteinlegung, kein Schatten von Ähnlichkeit! Man hatte Wagner ins Deutsche übersetzt, der Wagnerianer war Herr über Wagner geworden! Ich denke, ich kenne den Wagnerianer; ich habe drei Generationen erlebt vom seligen Brendel an, der Wagner mit Hegel verwechselte, bis zu den Idealisten der „Bayreuther Blätter“, die Wagner mit sich selbst verwechseln! Genug, ich reiste mitten drin für ein paar Wochen ab; ich entschuldigte mich bei Wagner bloß mit einem fatalistischen Telegramm! Was sich damals bei mir entschied, war nicht etwa ein Bruch mit

Wagner; ich empfand eine Gesamtabirrung meines Instinkts, von der der einzelne Fehlgriff, heiße er Wagner oder Basler Professur, bloß ein Zeichen war! —

Nietzsche folgte im Herbste einer Einladung der Malwida von Meysenbug nach Sorrent, wohin auch Wagner sich im Winter begeben hatte. Die Begleiter Nietzsches waren ein junger Student Albert Brenner aus Basel und der Privatgelehrte Paul Rée. Brenner schrieb damals nach Hause Ende November: Wagners sind nach Rom gereist; wir waren etwa ein halbes dutzendmal bei ihnen zu Gaste, sie waren alle hier mit ihren Kindern; Wagner war sehr vergnügt, spielte mit seinen Kindern und freute sich der schönen Gegend (O. I 201); und auch Nietzsche schrieb an seine Schwester: Gestern abend (25. Oktober) waren wir bei Wagners, welche fünf Minuten von uns im Hotel Victoria wohnen und noch den Monat November bleiben! — Nietzsche hatte unmittelbar vor dem Sorrentiner Aufenthalt an Wagner geschrieben: Ich habe jetzt Zeit, an Vergangenes, Fernes wie Nahes zu denken, denn ich sitze viel im dunkeln Zimmer, einer Atropinkur der Augen wegen, welche man nach meiner Rückkehr für nötig fand. Der Herbst nach diesem Sommer ist für mich, und wohl nicht für mich allein, mehr Herbst als ein früherer. Hinter dem großen Ereignis liegt ein Streifen schwärzester Melancholie, aus dem man sich gewiß nicht schnell genug nach Italien oder ins Schaffen, oder in beides retten kann. (NTA. Bd. 3 S. XIX.) „Von einer Art der intimsten Unterhaltung in Sorrent", berichtet Frau Förster, „behielt mein Bruder die peinlichste Erinnerung zurück. Wagner, mit dem Parsifal (Dichtung) beschäftigt, fühlte recht wohl, daß ein Bühnenweihfestspiel, erdacht und komponiert von einem so schroffen Atheisten, wie er sich in Triebschen immer gezeigt hatte, kaum als ein christlich religiöser Akt empfunden werden könnte, wie er doch sollte. So gestand er meinem Bruder allerhand christliche Empfindungen und Erfahrungen, allerhand Hinneigungen zu christlichen Dogmen; er erzählte ihm vom Genuß, den er der Feier des heiligen Abendmahls verdanke. Mein Bruder hielt es für unmöglich, daß jemand, der sich so wie Wagner bis zu den äußersten Konsequenzen als Atheist ausgesprochen hatte, jemals wieder zu einem frommen naiven Glauben zurückkehren könnte. Er nahm deshalb Wagners Wandlung nur als Mittel, um sich mit den fromm gewordenen herrschenden Mächten in Deutschland zu arrangieren. So hörte er schweigend Wagners Reden an, das Herz zum Zerspringen voll Kummer über diese Schauspielerei Wagners gegen sich selbst; er schrieb folgende harte Worte nieder: Ich bin nicht imstande, irgendeine Größe anzuerkennen, welche nicht mit Redlichkeit gegen sich verbunden ist, die Schauspielerei gegen sich flößt mir Ekel ein!" (NTA. Bd. 3 S. XXII.) Nietzsche mit seinen zwei Begleitern und Malwida von Meysenbug wohnten in der Villa Rubinacci, wo eine Art Kloster für freie Geister eingerichtet war und unter anderm auch das neue Testament gelesen wurde. Nietzsche verarbeitete dort die Aufzeichnungen „Die Pflugschar" zu einem eigenen Werke. Eine Persönlichkeit in Sorrent, die Wagner ganz besonders mißfiel, war Paul Rée. Dieser war Israelite; Nietzsche hatte ihn 1874 in Basel kennen gelernt; er war Anhänger der englisch-positivistischen Schule und schrieb eine Reihe von Buchwerken, die von Nietzsche lebhaft begrüßt wurden. Nietzsche schrieb ihm: „Daß ich in meinem Leben noch nicht so viele Annehmlichkeiten von der Freundschaft gehabt habe wie durch Sie in diesem Jahre, gar nicht von dem zu reden, was ich von Ihnen gelernt habe, mein Appetit ist sehr lebendig nach Réealismus." Rées Untersuchungen richteten sich gegen die ethischen Systeme der bisherigen Metaphysik. Wagner äußerte sich später in Bayreuth zu dem Verlagsbuchhändler Schmeitzner über Rée: „Es gibt Wanzen, es gibt Läuse; gut, sie sind da; aber die brennt man aus; die Leute, die das nicht tun, sind Schweine." (O. I 212.) Nietzsche trug aber diese Wanze noch volle sechs Jahre mit sich herum, sie verhalf ihm zur vollständigen Gegnerschaft gegen Schopenhauer und Wagner, und erst 1882, als Nietzsches Jüngerin Lou Salomé sich von Nietzsche ab zu Rée hinwandte, entledigte sich Nietzsche in bitterer Feindschaft dieses Mannes, dem er den Zweikampf mit den Worten: „Ich hätte große Lust, Ihnen mit ein paar Kugeln eine Lektion in der praktischen Moral zu erteilen“ angedroht hatte. (Über Rée siehe den nächstfolgenden Abschnitt.)

## Nachträge zum ersten Teile.

(Abschnitte III—VII.)

Zu seiner Einladung an Nietzsche ins Triebschener Fideikommißhaus im Jahre 1869 hatte Wagner bemerkt: Viel wonnige Erfahrungen habe ich noch nicht an deutschen Landsleuten gemacht; retten Sie meinen nicht ganz unschwankenden Glauben an das, was ich, mit Goethe und einigen andern, deutsche Freiheit meine. (WB. IV 286.) — Anläßlich der während der damaligen Anwesenheit Nietzsches in Triebschen erfolgten Geburt Siegfrieds berichtete Wagner an seinen Freund Pusinelli, Arzt in Dresden: Ein schöner kräftiger Sohn mit hoher Stirn und klarem Auge, Siegfried Richard, wird seines Vaters Namen erben, und seine Werke der Welt erhalten. An dem Tage, an dem mir Überglücklichen ein schöner Sohn geboren wurde, vollendete ich die Komposition des Siegfried (Entwurf), in welchem ich mich seit elf Jahren unterbrochen hatte. — Und dereinst, da muß mein Junge für das Rechte sorgen, so erhalte ich uns allen neue Lebenskraft. (BBl. 1902 S. 114.)

Betreffend die Ehescheidung von Hans von Bülow mit Cosima geb. Liszt heißt es in WB. IV S. 165/166: Bezüglich der Verbindung von Liszts Lieblingstochter und Liszts hervorragendstem Lieblingsschüler war keine beiderseitige heiße Neigung, kein mächtiger, innerer Zwang, der sie zusammengeführt: Frau von Bülow sah Wagner auf ihrer Hochzeitsreise unter dem Zwang und Druck einer unleidlichen ehelichen Verbindung, an der Seite des Tristanschöpfers eine

Gattin ohne den allermindesten Sinn für seine Größe. In den wechselnden Katastrophen seines Lebens während der nächstfolgenden Jahre war sie, mitfühlend und mitleidend, ihrer eigentlichen Lebensaufgabe sich mehr und mehr bewußt geworden. — Auch ohne ihm die Gattin zu sein, war sie ihm mit ihrer großartigen geistigen Veranlagung, mit ihrer Fähigkeit zur Beherrschung der schwierigsten Verhältnisse die hilfreiche Freundin geworden. — Nun aber kam seine Verbannung in eine ferne Einsamkeit, in welche sie ihm zu folgen in den Augen der Welt nicht berechtigt war. Der täuschende Schein des Tages, in welchem sie die Gattin eines andern war, machte herrisch sein Recht geltend. Es gehörte ein wahrhaft übermenschlicher Mut dazu, trotz allem dem Verbannten zu folgen, ihm Haus, Heim und alles, dessen ein Künstler bedarf, zu bereiten. —

Über Rohde schrieb Frau Cosima Juni 1870 an Nietzsche: Der Meister hat an Ihrem Freund großes Wohlgefallen; sein männlicher Ernst, seine bedeutende Teilnahme und die wirkliche Freundlichkeit, die seine strengen Züge bisweilen durchleuchtete, war ihm durchaus sympathisch. (NBr. II 209.) —

Über Wagners Beethovenschrift schrieb Rohde an Nietzsche: Die Stimme eines Propheten in der Wüste, erhebend und an das Vorhandensein eines bessern Lebens gemahnend mitten in dieser Zeit; es ist eine wahre Offenbarung über den innern Sinn der Musik, wie sie tiefer und überzeugender gar nicht gegeben werden konnte, als von diesem Genius, in dem der innerste Geist der göttlichen Kunst so rein und aller modischen Hüllen bar sich offenbart wie nie zuvor. (NBr. II 221.) —

Als Wagner 1872 in der „Norddeutschen Allgemeinen" seinen offenen Brief an Nietzsche veröffentlicht hatte, schrieb Nietzsche an Rohde: Ich für mein Teil gebe für einen solchen Zuschauer, wie Wagner ist, alle Ehrenkränze, die die Gegenwart spenden könnte, preis; ihn zu befriedigen reizt mich mehr und höher als irgendeine andere Macht; die stumpfe philologische Kesselbande zieht dann an mir wie eine Schar Bleisoldaten vorbei. (NBr. II 330.) —

Auf Rohdes Afterphilologie schrieb ihm Wagner: Ich finde, daß ich mit und durch Nietzsche in recht gute Gesellschaft gekommen bin. Das können Sie nicht wissen, was das heißt, sein langes Leben über in schlechter, oder wenigstens alberner Gesellschaft verbracht zu haben. Aber diese Wendung beginnt auch wirklich erst mit Nietzsche; vorher schwang sich meine Sphäre nicht höher als bis zu Pohl, Nohl und Porges. — Unsere Freude über Ihre Schrift war groß, sie ist das würdige Seitenstück und Kompliment der „Geburt" selbst. Die Hauptsache für uns war, aus dieser Abfertigung etwas lernen zu können, und außerdem den „ganzen Mann" so recht achten und lieben zu lernen. (WB. V 32/33.) —

Über Nietzsches „Geburt der Tragödie" und Rohdes Afterphilologie schrieb Frau Cosima an Rohde: Ich kann sagen, daß selten eine Schrift mich so sehr ergriffen hat, und mir so wohlgetan; wohl und weh, denn sie ist eine Tat, deren weittragende Folgen Sie sicherlich vorausgesehen haben, wie ich sie förmlich eintreten sehe. So bang nun bei dem Erkennen der äußern Lage mein Gefühl ist, so sicher, fest und über alle Not erhaben ist es, wenn ich an die gegen alle äußere Rücksicht mächtige Regung denke, die sie bestimmt hat, und so rufe ich: Heil Ihnen, daß Sie so sind, und so denken und so handeln. (O. Crusius, E. Rohde S. 61.) —

Anläßlich eines gemeinschaftlichen Besuches Nietzsches und Rohdes vom 7. bis 12. April 1873 in Bayreuth brachte Nietzsche die von ihm verfaßte Abhandlung „Die Philosophie im tragischen Zeitalter der Griechen" zum Vorlesen mit, und eine von ihm vertonte vierhändige Komposition als Hochzeitsgeschenk zur Vermählung der Adoptivtochter der Malwida von Meysenbug, Olga Herzen mit dem Pariser Professor Gabriel Monod, „une Monodie à deux". Mit Bezug auf den kirchlich klingenden Schluß, und den Umstand, daß das Ehepaar Monod bei der Trauung die kirchliche Einsegnung vermieden, habe Wagner scherzhaft gemeint, der Komponist habe den armen Monods nun doch noch den Papstsegen aufgedrängt. Die damalige ernste und gedrückte Stimmung in Bayreuth kam daher, daß von 1300 Patronatsscheinen kaum 200 gezeichnet waren. (WB. V 78.) —

Hinsichtlich des Brahmsschen Triumphliedes (siehe Abschnitt IX) sagt Glasenapp, daß es damals am vierten Tage des Besuches Nietzsches in Bayreuth gespielt wurde, und alle Anwesenden durch seine Dürftigkeit erschreckt hatte. „Händel, Mendelssohn und Schumann in Leder eingewickelt" hatte der Meister in drastischer Weise davon gesagt. (WB. V 120.) —

Bezüglich der auch in Bayreuth wahrgenommenen Humorlosigkeit Nietzsches weist Glasenapp darauf hin, daß Nietzsche Ruhe und Schweigsamkeit, die ihn von andern Kindern fernhielt, selbst unter seinen frühentwickelten Eigenschaften erwähnt, und daß Frau Förster in ihrer Nietzsche-Biographie Bd. I S. 27 anführt, es habe Nietzsche in seiner ersten Jugend für taubstumm gegolten, da er auf keine Ansprache reagierte. (NB. V 388.) —

In dem von uns angeführten Briefe Nietzsches an Wagner zur Geburtstagsfeier 1876 heißt es des weitern: Dieses Element, das aus Ihnen seinen Ursprung hat (gemeint ist der neue Tropfen Blutes, der seit der Triebschener Zeit in Nietzsche wirkt), treibt, beschämt, ermutigt, stachelt mich und hat mir keine Ruhe mehr gelassen, so daß ich beinahe Lust haben könnte, Ihnen wegen dieser ewigen Beunruhigung zu zürnen, wenn ich nicht ganz bestimmt fühlte, daß diese Unruhe mich zum Freier- und Besserwerden unaufhörlich antreibt. So muß ich dem, welcher sie erregte, mit dem allertiefsten Gefühle des Dankes dankbar sein; und meine schönsten Hoffnungen, die ich auf die Ereignisse dieses Sommers setze, sind die, daß viele in einer ähnlichen Weise durch Sie und Ihre Werke in jene Unruhe versetzt werden, und dadurch an der Größe Ihres Wesens und Lebensganges einen Anteil bekommen. (BBl. 1900 S. 284.) — In einem Weihnachtsbriefe 1876 soll

Nietzsche an Wagner den Beginn seiner Entfernung von der Lehre Schopenhauers angezeigt haben. (WB. V 333.) —

Nach Glasenapp hat Dr. Eiser einen umgehenden Bericht über Nietzsches Gesundheitszustand an Wagner gesandt, und letzterer dann mit Brief vom 23. Oktober 1877 diesem geantwortet. (Vergl. Eingang zu Abschnitt X.)

# Zweiter Teil.

## Der Bruch der Freundschaft.

### VIII. Nietzsches Aphorismenbuch.

Das erste Resultat der Réeschen Freundschaft war Nietzsches in Aphorismen verfaßtes Werk: „Menschliches — Allzumenschliches", ein Buch für freie Geister; der Geist der fortschreitenden Entwicklung ist der Geist der Aufklärung. Die moralischen Werte werden objektiv auf den Nutzen, subjektiv auf die Klugheit zurückgeführt; Metaphysik ist die Wissenschaft, welche von den Grundirrtümern der Menschheit handelt, doch so, als wären sie Grundwahrheiten. (Vergl. R. I. Aufl.) — Vom Genie behauptet Nietzsche jetzt: Die übermäßige Verherrlichung der künstlerischen Genialität steht der fortschreitenden Vermännlichung der Menschheit entgegen. Es ist mindestens fraglich, ob der Aberglaube vom Genie, von seinen Vorrechten und Sondervermögen für das Genie selber von Nutzen sei, wenn er in ihm sich einwurzelt. Jeder großen Erscheinung folgt die Entartung nach, namentlich im Bereiche der Kunst. Der glücklichste Fall in der Entwicklung einer Kunst ist der, daß mehrere Genies sich gegenseitig in Schranken halten. Unsere Eitelkeit und Selbstliebe fördert den Kult des Genius; nur wenn dieser ganz fern von uns gedacht ist, als ein miraculum, verletzt er nicht. — Abgesehen davon erscheint die Tätigkeit des Genies nicht als etwas Grundverschiedenes von der Tätigkeit des mechanischen

Erfinders, des astronomischen oder historischen Gelehrten, des Meisters der Taktik. Das Genie tut auch nichts, als daß es erst Steine setzt, dann bauen lernt, daß es immer nach Stoff sucht, und immer an ihm herumformt. (NTA. Bd. 3 S. 147, 172, 165, 169.) — Die englischen Philosophen sind Nietzsche jetzt die ganzen vollen und füllenden Naturen, und der einzige gut philosophische Umgang, den es jetzt gibt. — Nietzsche sagte später in „Ecce homo" hierüber: „Ich habe mich in diesem Buche von dem Unzugehörigen in meiner Natur freigemacht, unzugehörig ist mir der Idealismus. Der Titel sagt: wo ihr Ideale seht, sehe ich Menschliches, ach, nur allzu Menschliches. Ein Irrtum nach dem andern wird gelassen aufs Eis gelegt, das Ideal wird nicht widerlegt, es erfriert; hier erfriert das Genie, eine Ecke weiter der Heilige, am Schluß erfriert der Glaube, die sogenannte Überzeugung, auch das Mitleiden kühlt sich bedeutend ab." — Der Name Wagner wurde in diesem ersten Aphorismenbuch nicht genannt, aber überall unter dem Begriff Genie verstanden. — Ein Aphorismus, der aber auf das Verhältnis der Frau Cosima zu Richard Wagner sich bezog, hatte in der Villa Wahnfried zu Bayreuth ganz besonders mißfallen: Freiwilliges Opfertier. Durch nichts erleichtern bedeutende Frauen ihren Männern, falls diese berühmt und groß sind, das Leben so sehr, als dadurch, daß sie gleichsam das Gefäß der allgemeinen Ungunst und gelegentlichen Verstimmungen der übrigen Menschen werden. Die Zeitgenossen pflegen ihren großen Männern viel Fehlgriffe und Narrheiten, ja Handlungen grober Ungerechtigkeiten nachzusehen, wenn sie nur jemanden finden, den sie als eigentliches Opfertier zur Erleichterung ihres Gemütes mißhandeln und schlachten dürfen. Nicht selten findet eine Frau den Ehrgeiz in sich, sich zu dieser Opferung anzubieten, und dann kann freilich der Mann sehr zufrieden sein, um sich einen solchen freiwilligen Blitz-, Sturm- und Regenableiter in seiner Nähe gefallen zu lassen. (NTA. Bd. 3 S. 318/319.) — Nietzsche sandte das Buch mit einer Widmung nach Bayreuth: „Dem Meister und der Meisterin entbietet Gruß mit frohem Sinn, beglückt ob einem neuen Kind von Basel Friedrich Freigesinnt! Doch eh' wir in die Welt es schicken, mög' Meisters Treuaug' segnend blicken; und daß ihm folge fürderhin die kluge Gunst der Meisterin!" (NB. II 294.) In „Ecce homo" schreibt Nietzsche darüber: Als das Buch endlich fertig mir zu Händen kam, sandte ich unter anderm auch nach Bayreuth zwei Exemplare. Durch ein Wunder von Sinn im Zufall kam gleichzeitig bei mir ein schönes Exemplar des Parsifaltextes an mit Wagners Widmung an mich: „Herzlichen Gruß und Wunsch seinem teuren Freunde Friedrich Nietzsche von Richard Wagner, Oberkirchenrat." Diese Kreuzung der zwei Bücher, mir war es, als ob ich einen ominösen Ton dabei hörte; klang es nicht, als ob sich Degen kreuzten. Jedenfalls empfanden wir es beide so, denn wir schwiegen beide. Um diese Zeit erschienen die ersten „Bayreuther Blätter"; ich begriff, wozu es höchste Zeit gewesen war; unglaublich, Wagner war fromm geworden. (E. 78, 81.) Die einzige Antwort aus Bayreuth war eisiges Schweigen; ach, des Meisters Treuauge blickte nicht weniger als segnend, und mit der Meisterin klugen Gunst war es für immer vorbei! sagt Frau Förster. (NB. II 294.) — Nachträglich hatte Frau Cosima an Frau Förster geschrieben: Du sprichst von Mißverständnissen und Zuträgereien, diese haben aber nicht stattgefunden, sondern unsererseits tiefstes und wohl unaufhörliches Schweigen! Das Buch Deines Bruders hat mich mit Kummer erfüllt; ich weiß, er war krank, als er diese geistig so sehr unbedeutenden, moralisch so sehr bedauernswerten Sätze niederschrieb! — Beinahe jedem Satze des erwähnten Buches glaube ich Oberflächlichkeit und Sophistik nachweisen zu können! — Was ihn dazu drang? Eine zersetzte Organisation kann die Macht gewisser Empfindungen und Ansichten nicht mehr ertragen, und fühlt sich zum Verrat durch das Unbehagen gedrängt. Und daß der Verräter nicht die Kraft des Schweigens hatte und das Bedürfnis fühlte, durch geistig Nichtssagendes, moralisch Bedenkliches seinen innern Zustand zu dokumentieren, darauf ist ihm nur: O, du Armseliger! mit tiefstem Mitleid zuzurufen! Dürftig sein und unwahr, frevelhaft und armselig, das ist traurig; und mit diesem Worte des Mitleids schließe ich endlich ab; möchte der Verrat dem Autor gute Früchte bringen!" (NB. II 312/314.) Dagegen benannte der Historiker Professor Jakob Burkardt in Basel dieses Werk „das souveräne Buch." — Betreffend des Aphorismus bemerkte Frau Cosima, daß A p h o r i s m e n beinahe einem jeden gelingen, während das Bedeutende eines Buches eben in dem Zusammenhange besteht. Fritz Kögel dagegen sagt, daß Nietzsche im Aphorismus alle künstlerischen Feinheiten entwickelte, denen der Aphorismus in seinen verschiedenen Formen fähig ist; und Nietzsche selbst drückte sich darüber folgendermaßen aus: Der Inhalt des Aphorismus ist ein Gedanke in der kürzesten, prägnantesten Form; mein Ehrgeiz ist, in zehn Sätzen zu sagen, was jeder andere in einem Buche sagt, was jeder andere in einem Buche nicht sagt. (NW. Bd. VIII.) — Wagner hatte gar nicht geantwortet, wohl aber öffentlich in den „Bayreuther Blättern" in einem Artikel: „P u b l i k u m u n d P o p u l a r i t ä t" (W. Ges. Schriften Bd. X S. 82/83) dafür quittiert: Philologen wie Philosophen erhalten, namentlich wo sie sich auf dem Felde der Ästhetik begegnen, durch die Physik im allgemeinen noch ganz besondere Ermunterungen, ja Verpflichtungen zu einem noch gar nicht zu begrenzenden Fortschreiten auf dem Gebiete der Kritik alles Menschlichen und Unmenschlichen. Es scheint nämlich, daß sie den Experimenten jener Wissenschaft die tiefe Berechtigung zu einer ganz besonderen Skepsis entnehmen, welche es ihnen ermöglicht, sich von den bisher üblichen Ansichten abwendend, dann in einer gewissen Verwirrung wieder zu ihnen zurückkehrend, in einem steten Umsichherumdrehen sich zu erhalten, welches ihnen dann ihren gebührenden Anteil am ewigen Fortschritte im allgemeinen zu versichern scheint. Je unbeachteter die hier bezeichneten Saturnalien der Wissenschaft vor sich gehen, desto kühner und unbarmherziger werden dabei die edelsten Opfer abgeschlachtet und auf dem Altar der Skepsis dargebracht. Jeder deutsche Professor muß einmal ein Buch geschrieben haben, welches ihn zum berühmten Manne macht. Nun ist ein naturgemäß Neues aufzufinden nicht jedem beschieden. Somit hilft man sich, um das nötige Aufsehen zu machen, gern damit, die Ansichten eines Vorgängers als grundfalsch darzustellen, was dann um so mehr Wirkung hervorbringt, je bedeutender und größtenteils unverstandener der jetzt Verhöhnte war. Die wichtigeren Vorgänge sind die, wo überhaupt jede Größe, namentlich das so sehr beschwerliche Genie als verderblich, ja der ganze Begriff Genie als grundirrtümlich über Bord geworfen werden.

Rohde schrieb an Overbeck über dieses Aphorismenbuch: „Ich hoffe, auch Wagners werden nach Überwindung und begreiflicher Bestürzung und Trauer einsehen, daß man hier ein Ergebnis eines in Nietzsches Innern notwendigen Prozesses vor sich hat, den er selbst nicht hemmen konnte, aber dessen letztes Stadium dieses nicht sein kann. Dazu habe ich ein viel zu sicheres Vertrauen in die ungemeinen Kräfte unseres Freundes, die ihm in der beschränkten Einseitigkeit, die vielleicht Rées Natur voll entspricht, nicht verweilen lassen werden. Seine mannigfaltigen Regungen werden sich gegenseitig korrigieren und balancieren. Der eigentliche und echte Nietzsche wird und kann nicht verloren gehen. (O. I 260/261.)

Nietzsche meldete hierauf an seinen Jünger Peter Gast: Von Bayreuth aus ist das Buch in eine Art von Bann getan, und zwar scheint die g r o ß e E x k o m m u n i k a t i o n über seinen Autor zugleich verhängt; Wagner hat eine große Gelegenheit, Größe des Charakters zu zeigen, unbenützt gelassen. (NBrA. 212.) Und an Freiherr von Seydlitz: Über Wagner empfinde ich ganz frei. Dieser ganze Vorgang mußte so kommen, er ist wohltätig, und ich verwende meine Emanzipation von ihm reichlich zu geistiger Förderung. Jemand sagte mir: Der Karikaturenzeichner von Bayreuth ist ein Undankbarer und ein Narr! — ich antwortete: Menschen von so hoher Bestimmung muß man in bezug auf die bürgerliche Tugend der Dankbarkeit nach dem Maße ihrer Bestimmung messen. (NBrA. 218.) Dagegen lehnt Nietzsche die Vaterschaft des Buches durch Rée ab in einem Schreiben an Rohde: Ich bin stolz darauf, Rées herrliche Eigenschaften und Ziele entdeckt zu haben, aber auf die Konzeption meiner Philosophie in nuce hat er nicht den allergeringsten Einfluß gehabt; diese war fertig und zum guten Teil dem Papier anvertraut, als ich im Herbste 1876 seine nähere Bekanntschaft machte. (NBrA. 219.) — Die Bekanntschaft Nietzsches mit Rée datierte aber seit 1874, und Lou Salomé mißt gerade Rée den größten Einfluß auf Nietzsches Positivismus zu. — Die Freundschaft, die der philosophische Segen einst geschlossen, hob der philosophische Fluch nun wieder auf. Und wie ein Symbol dafür wurde der endgültige Bruch (Nietzsche—Wagner) durch keine persönliche Rücksprache, sondern durch den Austausch der beiden Bücher besiegelt, sagt Raoul Richter. (R. 52.) — Die Fortsetzung von „Menschliches — Allzumenschliches“ bildete der zweite Band dieses Werkes. In der 1886 geschriebenen Vorrede zu diesem Bande heißt es: Richard Wagner, scheinbar der Siegreichste, in Wahrheit ein morsch gewordener verzweifelnder Romantiker, sank plötzlich hilflos und zerbrochen vor dem christlichen Kreuze nieder. Gegen die romantische Musik wendete sich damals mein erster Argwohn; und wenn ich von der Musik noch etwas erhoffte, so war es in der Erwartung, es möchte ein Musiker kommen, kühn, boshaft, um an jener Musik auf eine unsterbliche Weise Rache zu nehmen. (NTA. Bd. 4.) Ferner erschienen die „Morgenröte“ und die „Fröhliche Wissenschaft“. Schon zur Zeit der Abfassung des zweiten Bandes von „Menschliches — Allzumenschliches“ schrieb Nietzsche als Umblick allerhand für Gedanken über Wagner auf, denen wir folgendes entnehmen: Es ist schwer, im einzelnen Wagner angreifen und nicht recht zu behalten; seine Kunstart, Leben, Charakter, seine Meinungen, seine Neigungen und Abneigungen, alles hat wunde Stellen; aber als Ganzes ist die Erscheinung jedem Angriff gewachsen. Bei Wagner ehrgeizigste Kombination aller Mittel zu stärkster Wirkung; das Erhabene als das Unbegreifliche, Unerschöpfliche in bezug auf Größe. Alle Ideen Wagners werden sofort zur Manier, er wird durch sie tyrannisiert. Das Undeutsche an Wagner: es fehlt die deutsche Anmut und Grazie eines Beethoven, Mozart, Weber, das flüssige heitere Feuer Beethovens, Webers. Wagner hat in seinen Schriften nicht Größe, Ruhe, sondern Anmaßung. Das physiologische Gesetz in der Entwicklung der Leidenschaft (Handlung, Rede, Gebärde) und der musikalischen Symphonie decken sich nicht; die Wagnersche Behauptung kann als widerlegt gelten durch seine Kunst. Diese Musik ist ohne Drama eine fortwährende Verleugnung aller höchsten Stilgesetze der ältern Musik. Ich sah in Wagner den Gegner der Zeit auch in dem, wo diese Zeit Größe hat, und wo ich selber in mir Kraft fühlte. Ich habe den Mann geliebt, wie er wie auf einer Insel lebte, sich vor der Welt ohne Haß verschloß, so verstand ich es; wie fern ist er mir jetzt geworden, so wie er jetzt in der Strömung nationaler Gier und nationaler Gehässigkeit schwimmend dem Bedürfnis dieser jetzigen durch Politik und Geldgier verdummten Völker nach Religion entgegenkommen möchte; ich meinte ehemals, er habe nichts mit den jetzigen zu tun, ich war wohl ein Narr. (NW. Bd. XI.) Im zweiten Bande von „Menschliches — Allzumenschliches" und in der „Fröhlichen Wissenschaft" hatte Nietzsche Wagner und Schopenhauer mit Namen angegriffen. So heißt es in der „Fröhlichen Wissenschaft": Richard Wagner hat sich bis in die Mitte seines Lebens durch Hegel irreführen lassen; er tat dasselbe noch einmal, als er später Schopenhauers Lehre aus seinen Gestalten herauslas und mit Wille, Genie und Mitleid sich selber zu formulieren begann. Nichts geht gerade so wider den Geist Schopenhauers, als das eigentlich Wagnerische an den Helden Wagners; immer mehr will seine ganze Kunst sich als Seitenstück und Ergänzung der Schopenhauerschen Philosophie geben, und immer ausdrücklicher verzichtet sie auf den höhern Ehrgeiz, Seitenstück und Ergänzung der menschlichen Erkenntnis und Wissenschaft zu werden. (NTA. Bd. 6 S. 158/159.) — In seinem letzten Werke 1888 „N i e t z s c h e c o n t r a W a g n e r" machte Nietzsche aus dem zweiten Bande „Menschliches — Allzumenschliches“ und der „Fröhlichen Wissenschaft“ eine Zusammenstellung über seine Auslassungen betreffend Wagner, wozu sich dann noch Auszüge aus den nachfolgenden Werken „Jenseits von Gut und Böse“ und „Genealogie der Moral“, sowie aus dem spätern fünften Buche der „Fröhlichen Wissenschaft“ gesellten. Was die beiden erstern Werke anbetrifft, so sei in bezug auf die Zusammenstellung noch folgendes angeführt: Das Einhalten bestimmter gleichwiegender Zeit- und Kraftgrade in der ältern Musik erzwang von der Seele des Hörers eine fortwährende Besonnenheit, auf der der Zauber aller guten Musik ruhte. Wagner warf die physiologische Voraussetzung der bisherigen Musik um, die unendliche Melodie will alle Zeit- und Kraftebenmäßigkeit brechen. Das ganze Nehmen und Geben Wagners in Hinsicht auf Stoffe, Gestalten, Leidenschaften und Nerven spricht deutlich auch den Geist seiner Musik aus. Ich bewundere Wagner in allem, worin er sich in Musik setzt. Wenn es Wagners Theorie gewesen ist, das Drama ist der Zweck, die Musik ist immer nur ihr Mittel, seine Praxis war dagegen von Anfang bis zu Ende: Die Attitüde ist der Zweck, das Drama, auch die Musik ist immer nur ihr Mittel; die Musik als Mittel zur Verdeutlichung, Verinnerlichung, Verstärkung der dramatischen Gebärde und Schauspielersinnenfälligkeit, und das Wagnerische Drama nur Gelegenheit zu vielen interessanten Attitüden. Er hatte neben allen andern Instinkten die kommandierenden Instinkte eines großen Schauspielers, in allem und jedem, und auch als Musiker. — Und in der spätern Vorrede zur „Fröhlichen Wissenschaft“ hieß es: Wie uns jetzt der Theaterschrei der Leidenschaft in den Ohren weh tut; wenn wir Genesenen eine Kunst noch brauchen, so ist es eine spöttische, leichte, flüchtige, göttlich unbehelligte Kunst, welche wie eine reine Flamme in einem unbewölkten Himmel hineinlodert, vor allem eine Kunst für Künstler. (NTA. Bd. 3, 6; NW. Bd. VIII.)

## IX. Positivistisches und Persönliches.

Als Nietzsche auf seine Beziehungen zu Wagner in seiner positivistischen Periode Rückschau hielt, widmete er ihm in der „Fröhlichen Wissenschaft" einen Aphorismus „Sternenfreundschaft", worin es heißt: Wir waren Freunde, und sind uns fremd geworden; wir sind zwei Schiffe, deren jedes sein Ziel und seine Bahn hat; die allmächtige Gewalt unserer Aufgabe trieb uns auseinander in verschiedene Meere und Sonnenstriche, und vielleicht sehen wir uns nie wieder; vielleicht auch sehen wir uns wohl, aber erkennen uns nicht wieder, die verschiedenen Meere und Sonnen haben uns verändert. Daß wir uns fremd werden mußten, ist das Gesetz über uns, eben dadurch sollen wir uns auch ehrwürdiger werden, soll der Gedanke an unsere ehemalige Freundschaft heiliger werden. Es gibt wahrscheinlich eine ungeheure unsichtbare Kurve und Sternenbahn, in der unsere so verschiedenen Straßen und Ziele als kleine Wegstrecken inbegriffen sein mögen; erheben wir uns zu diesem Gedanken! Aber unser Leben ist zu kurz und unsere Sehkraft zu gering, als daß wir mehr als Freunde im Sinne jener erhabenen Möglichkeit sein möchten. Und so wollen wir an unsere Sternenfreundschaft glauben, selbst wenn wir einander Erdenfeinde sein müßten! — Im Juni 1878 schrieb er an Gersdorff: Mir ist es sehr lieb und erwünscht, daß einer meiner Freunde Wagner Gutes und Freundliches erweist, denn ich bin immer weniger imstande ihm Freude zu machen, seine und meine Bestrebungen laufen ganz auseinander; dies tut mir wehe genug, aber im Dienste der Wahrheit muß man zu jedem Opfer bereit sein. Wüßte er übrigens, was ich alles gegen seine Kunst und seine Ziele auf dem Herzen habe, er hielte mich für einen seiner ärgsten Feinde, was ich bekanntlich nicht bin. (NB. II 308.) — Im Jahre 1879 verlangte Nietzsche aus gesundheitlichen Rücksichten nach zehnjähriger Amtierung seinen Abschied von der Universität Basel, der ihm mit einer Pension bewilligt wurde; er wurde von jetzt ab einsamer Wanderer, der meistens im Engadin oder in Italien lebte, und dort seine Werke verfaßte. — Nietzsche selbst schreibt über die Trennung an Peter Gast im Jahre 1880: Durch nichts kann es mir ausgeglichen werden, daß ich in den letzten Jahren der Sympathie Wagners verlustig gegangen bin. Wie oft träume ich von ihm und immer im Stile unseres damaligen vertraulichen Zusammenseins. Es ist nie zwischen uns ein böses Wort gesprochen worden, aber sehr viele ermutigende und heitere, und mit niemandem habe ich vielleicht so viel zusammen gelacht. Das ist nun vorbei, und was nützt es, vielleicht in manchen Stücken gegen ihn recht zu haben; als ob damit diese verlorene Sympathie aus dem Gedächtnisse gewischt werden könnte. (NBrA. 228.) Und an Malwida von Meysenbug: Daß jetzt alle Welt mich allein läßt, darüber beklage ich mich nicht; so ist es und war es immer die Regel. Auch Wagners Verhalten zu mir gehört unter diese Trivialität der Regel. Überdies ist er der Mann seiner Partei, und der Zufall seines Lebens hat ihm eine so zufällige und unvollständige Bildung gegeben, daß er weder die Schwere noch die Notwendigkeit meiner Art von Leidenschaft begreifen kann. (NB. II 390.) — Der Schwester schrieb er späterhin: Gewiß, es sind die schönsten Tage meines Lebens, die ich mit ihm in Triebschen und durch ihn in Bayreuth verlebt habe. Aber die allmächtige Gewalt unserer Aufgabe trieb uns auseinander, und jetzt können wir nicht mehr zueinander, wir sind uns zu fremd geworden. Ich bin damals, als ich Wagner fand, unbeschreiblich glücklich gewesen; ich habe so lange nach dem Menschen gesucht, der höher war als ich, und der mich wirklich übersah; in Wagner glaubte ich ihn gefunden zu haben, es war ein Irrtum. Im übrigen habe ich meine Wagnerschwärmerei teuer bezahlen müssen; hat mir diese nervenzerrüttende Musik nicht meine Gesundheit verdorben; und die Enttäuschung und der Abschied von Wagner, war das nicht lebensgefährlich, habe ich nicht fast sechs Jahre gebraucht, um mich von diesem Schmerze zu erholen. (NBrA. 243.) — Lichtenberger sagt hier: Nietzsche war durchaus konsequent, als er Wagner mit ebensoviel Energie angriff, als er ihn bewundert hatte. Er hat seiner intellektuellen

Aufrichtigkeit das größte Opfer gebracht, das man sich denken kann. Er hat ihm nicht ohne Schmerz, aber ohne Schwäche eine der stärksten Neigungen geopfert, die er kannte. Sein Benehmen ist nicht allein unangreifbar, sondern sogar sehr schön, wenn das einzige Ziel des menschlichen Lebens die Entwicklung der genialen Persönlichkeit ist, und wenn, wie Nietzsche sagt, die Unpersönlichkeit keinen Wert im Himmel und auf Erden hat. (L. 86/87.)

Raoul Richter rekapituliert: Nur eines würde die Freundschaft zu retten vermocht haben, wenn Wagner Nietzsche oder Nietzsche Wagner zu seiner Weltanschauung hätte bekehren können; und es ist möglich, dies wäre geschehen, wenn beide Altersgenossen, Männer ungefähr der gleichen Entwicklungsstufe gewesen wären. Aber nun denke man: der kaum dreißigjährige Nietzsche und der über sechzigjährige Wagner; der eine mitten in der Sturm- und Drangperiode unaufhaltsam vorwärts schreitend, die Schopenhauersche Philosophie das erste Durchgangsziel auf seiner Wanderung; und der andere am Ende seiner Bahn neuer Wandlungen nicht mehr fähig, nach unendlichen Stürmen am Ruhepunkt einer religionsmetaphysischen Erlösungslehre angelangt. Wenn man angesichts einer so gearteten Unabwendbarkeit überhaupt von Schuld sprechen darf, so war der Abfall Nietzsches eine tragische Schuld. Die Rechtfertigung ist das Motiv der Liebe zur Wahrheit. (R. 52/53.) —

Hier sei noch ein Blick auf die offizielle Wagnerbiographie, bearbeitet von C. Fr. Glasenapp, Bde. IV und V, getan. Zur Zeit der „Geburt der Tragödie" heißt es von Nietzsche (Bd. IV S. 389): Sein tieferster dichterisch-philosophischer Geist und der lebhafte Drang, als öffentlicher Zeuge für die weltgeschichtlich reformatorische Bedeutung von Wagners Schaffen einzutreten, rissen ihn vorzeitig zu der kühnen Kombination jener seiner poetisch-philosophischen Intuitionen, mit seinem Bedürfnis einer bedeutungsvollen Huldigung, eines öffentlichen Bekenntnisses seiner Zugehörigkeit zu dem Meister hin, als deren Dokument nunmehr die „Geburt der Tragödie" vor uns liegt, eine in ihrer Schönheit berauschende Schrift. — Im V. Bande wird über ihn geschrieben: Es erfreute Wagner wenig, Nietzsche, der sich soeben nach langer Abwesenheit durch eine schöne flammende Schrift: „Wagner in Bayreuth" eingeführt, nun wieder so stumm und düster zu sehen! — An andern Stellen: Die eine gefährliche Seite Nietzsches war seine Humorlosigkeit. — Wer konnte verkennen, daß es sich um einen nicht mehr gesunden, um einen kranken Mann handelt, der in seiner reizbaren Empfindlichkeit alles vertrug, nur keine Erziehung und keine leiseste Ausstellung an der subjektiven Willkür seiner Vorstellungen und Meinungen! — Ferner wird getadelt, daß Nietzsche sich im Alter von kaum sechsundzwanzig Jahren der Freundschaft des dreißig Jahre ältern Wagner rühmte; es wird diesbezüglich auf Hofkapellmeister Hans Richter verwiesen, der das Unsinnige und gänzlich Unberechtigte dieses Freundestitels zum Ausdrucke gebracht habe, denn von seiten des Meisters herrschte gegen seine Jünger eifrigste Förderung ihrer Begabungen und wahrhaft väterliches Wohlwollen; von seiten der Jünger gegen Wagner Bewunderung, hingebendste Liebe, Verehrung. Das unnatürliche Verhalten Nietzsches konnte nur aus wahrhaft dämonischer Selbstüberhebung erklärt werden. In den in der Einsamkeit von ihm aufgezeichneten ketzerischen Gedanken nähert er sich der von ihm bekämpften Kulturwelt auf bedenkliche Weise. In den beiden ersten Schriften (Geburt der Tragödie, Wagner in Bayreuth?) lebt der Verfasser noch von den Zinsen des ihm anvertrauten kostbaren Kapitals; in den beiden letzten Betrachtungen (Menschliches — Allzumenschliches I, II?) greift er dieses Kapital selbst an und zehrt es in zwei großen Zügen völlig auf. Während er der Reichste zu sein schien, war er innerlich verarmt und leer. Er hatte sich der erneuten Anregung in ängstlicher Scheu geflissentlich entzogen, und war danach aus einem Wagnerschriftsteller im besten Sinne und Mitwirkenden an einer schöpferischen Kulturtat ein hohler Schall und ein hochtrabendes leeres Nichts, mit einem Worte ein Nietzscheschriftsteller geworden, der von jetzt ab anstatt der höchsten die minderwertigsten Einflüsse auf sich wirken ließ, deren Nichtigkeit er selber durchschaute. — Mit dem Erscheinen von „Menschliches — Allzumenschliches“ war denn auch freilich alles zu Ende, und jede Hoffnung auf eine fernere gesunde Entwicklung dieses seltsamen Geistes durch einen handgreiflichen und offenkundigen Gesinnungswechsel wie mit scharfem Messer abgeschnitten. (WB. V 149, 388/90, 404.)

In Band VI von Glasenapps Wagnerbiographie finden sich hauptsächlich folgende auf Nietzsche bezügliche Stellen:

Hans von Wolzogen steht im Gegensatze zu dem in phantastisch rhetorischer Leidenschaft aufflackernden, und dann doch wieder — in machtlosem Zurücksinken in sein unzureichendes eitles Selbst — sich innerlich zernagenden und auflösenden Wesen eines Nietzsche. (S. 26.) Einen betrübenden Eindruck machte bei seinem Eintreffen in Wahnfried das neueste Elaborat des einst so viel versprechenden Triebschener Freundes und Zöglings unter dem resignierten, einer von niemand verlangten Entschuldigung gleichenden Titel: „Menschliches — Allzumenschliches“. Einer Entschuldigung glichen auch die darin gegebenen Erklärungen, weshalb jemand Handlungen, nicht aber „Empfindungen“ versprechen könne; wer einem andern verspreche, ihn immer zu lieben, oder ihm immer treu zu sein, der verspreche damit etwas, das nicht in seiner Macht stehe. Weil man Treue geschworen einem Gotte, einem Fürsten, einem Weibe, einem Künstler, einem Denker, wäre man nun unentrinnbar gebunden? (Glasenapp meint Aph. 58 Was man versprechen kann, — worin Nietzsche ausführt, daß man die Andauer des Anscheines der Liebe verspricht, wenn man ohne Selbstverblendung jemanden immerwährende Liebe gelobt.) Da nun aber sogleich beim ersten Einblick eine eigentümlich krankhaft perverse Verbissenheit auffallen mußte, und eine Neigung des noch so jungen und unerfahrenen, durch schmeichelnde Freunde übelberatenen Autors, alles bisher von ihm Hochgehaltene herabzuziehen und es mit dem ätzenden Scheidewasser seiner Skepsis absichtlich zu zerstören, — (Versuch einer Leugnung des Genies, Verspottung der Intuition, der Musik, des Christentums; allzu erkennbare, fast porträtgetreue Verhöhnung seiner bisherigen mütterlichen Freundin Malwida, Beschwerde über das Unangenehme des Umganges mit „Meistern" usw.) — so sprach er bald seine Absicht dahin aus, das unerfreuliche Buch ungelesen zu lassen. Er hoffe, damit dem Autor nur etwas Gutes zu erweisen, wofür dieser ihm später danken würde. Immerhin waren gleich von diesem ersten Einblick genug peinliche Eindrücke in ihm verblieben, um ein allzu deutliches Bild des Ganzen mit vielen kläglichen Einzelheiten in seinem klaren Gedächtnis zurückzulassen. (S. 90.) —

Selbst das neue Nietzschesche Buch, dessen Lektüre er eigentlich verschworen hatte, nahm er dann doch, als es ihm zufällig in die Hände fiel, wieder vor, um abermals über dessen pretentiöse Gewöhnlichkeit zu erstaunen. Ich begreife, sagte er, daß Rées Umgang ihm mehr behagte, als der meinige; es macht mir keine große Ehre, daß dieser mich gepriesen. — Als Wagner seinen Artikel über „Publikum und Popularität" schrieb, erklärte er, er nehme Nietzsche darin vor, ohne daß ein Eingeweihter etwas davon merken werde. — Die Leugnung des Genies und die Reduzierung auf gemeinere Naturkräfte, meist Temperamentfehler, als Heftigkeit des Willens, einseitige Energie und Obstination, hatte der unglückliche Freund wie zu seiner eigenen Betäubung in seinem Buche durchzuführen sich gemüht. (S. 124.)

Glasenapp macht hier noch auf die Stelle aufmerksam bei Wagner: Zu was anderm ist der Priester auf der Kanzel angehalten, als zu Kompromissen zwischen den tiefsten Widersprüchen, deren Subtilitäten uns notwendig im Glauben selbst irremachen, so daß wir endlich fragen müssen, wer denn noch Jesus kenne, vielleicht die historische Kritik? Sie steht mitten unter dem Judentum, und verwundert sich, daß heute früh noch des Sonntags die Glocken für einen vor zweitausend Jahren gekreuzigten Juden läuten, ganz wie dies jeder Jude auch tut! — was auf Nietzsche gemünzt ist, welcher in „Menschliches — Allzumenschliches“ sagt: Wenn wir eines Sonntags die alten Glocken brummen hören, da fragen wir uns, ist es nur möglich? Das gilt einem vor zweitausend Jahren gekreuzigten Juden, welcher sagte, er sei Gottes Sohn! (Aph. 113. Christentum als Altertum.) —

Für Wagners persönliche Gesinnung ist es charakteristisch, daß er die Widmung des dem ehemaligen jungen Freunde Nietzsche übersandten Exemplars seiner Parsifaldichtung, auf welche jener leider mit seinem unheilvollen Buche und erklärtem Abfall antwortete, mit der humoristischen Unterschrift versah: „R. W., Oberkirchenrat.“ (S. 126.)

Wie schlecht die heutige Welt sei, sagte Wagner einmal, könne man daran erkennen, daß Menschen wie Nietzsche, die einst etwas versprochen hätten, so schnell in ihr verkämen. (S. 722.) — Glasenapp zitiert schließlich aus Joukowskys Erinnerungen die Stelle: „Ich bin überzeugt, daß Nietzsche der Begriff des Übermenschen einzig in Wagners Umgang lebendig wurde!“ (S. 736.) (Das wäre ja gerade der spätere umgekehrte Nietzsche, denn der Nietzscheübermensch ist total antiwagnerisch!)

Bezüglich des Bruches mochten aber noch andere Motive hinzugetreten sein: Nietzsche erhoffte eine gemeinsame Kulturmission mit Wagner. In Bd. XIV NW. findet sich folgender Aphorismus 261: Es liegt jetzt noch wenig daran, daß man weiß, was ich eigentlich von Wagner wollte, obwohl der Leser meiner „Geburt der Tragödie“ darüber nicht im Zweifel sein sollte; ja, daß ich durch ein Verlangen dieser Art aufs gründlichste bewiesen habe, wie sehr ich mich über ihn und sein Vermögen im Irrtum befand. Genug, daß mein Irrtum, eingerechnet den Glauben an eine gemeinsame und zusammengehörige Bestimmung weder ihm noch mir zur Unehre gereicht! —

Aber auch Differenzen persönlicher Natur mögen vorgekommen sein. Wir haben im Abschnitte über Ketzerstimmungen gesehen, wie oft Nietzsche glaubte, Wagner Anstoß zur Unzufriedenheit gegeben zu haben, wie ihn das

Mißtrauen Wagners ungünstig beeinflußte und wie seine Bayreuther Besuche immer spärlicher wurden. Wir sahen die Enttäuschung bei den Festspielen und in Sorrent, wie in Bayreuth ihm die geringste Anstrengung zur Erschöpfung wurde, und aus äußerster Vorsicht er auch alle Privateinladungen Wagners ablehnte. Dazu gesellte sich noch anderes. Bereits Frau Förster erzählt: Im Sommer 1874 hatten mein Bruder und ich im Basler Münster das Triumphlied von Brahms gehört. „Als mein Bruder im August 1874 nach Bayreuth reiste, nahm er den Klavierauszug dorthin mit." Wagner berichtete später: „Ihr Bruder legte das rote Buch auf den Flügel; immer, wenn ich in den Saal hinunterkam, starrte mich das rote Dings an, gerade wie den Stier das rote Tuch; na, und eines Abends bin ich losgebrochen, und wie losgebrochen! (NB. II 179/80.) Nietzsche hatte aber auch selbst komponiert; bekanntlich hatte er unter anderm das Gedicht „Hymnus an das Leben" von Lou Salomé vertont; er nannte dieses Lebensgebet seine heroische Musik, und schrieb an Lou anläßlich einer Aufführung desselben durch einen Chor in Leipzig: „Das wäre so ein kleines Weglein, auf dem wir beide zusammen zur Nachwelt gelangten, andere Wege vorbehalten!" Von einer dieser Kompositionen berichtete Hans von Bülow an Nietzsche, daß sie beinahe wie ein Notzuchtsversuch an der Euterpe erscheine. Wagner schrieb an Nietzsche diesbezüglich: Das Urteil Bülows über Sie fand Liszt nach Kenntnisnahme Ihrer Silvesterklänge sehr desperat; ohne daß Sie ihm das Stück vorgetragen hatten, glaubte er sein Urteil durchaus anders und günstiger über Ihre Musik stellen zu müssen; mir ist's, als ob hier zwei Absonderlichkeiten der allerextremsten Art aufeinander gestoßen seien. Aber im ganzen und in der Hauptsache muß wohl jeder durch sich und nicht durch andere über sich in das Reine kommen. (Bayr. Bl. 1908 S. 11.) Aber erfreut war entschieden auch Wagner nicht durch Nietzsches Kompositionen: „Ich verstehe Sie auch mit dem Sinne der musikalischen Komposition, mit welcher Sie uns so sinnig überraschten; nur fällt es mir schwer, mein Verständnis Ihnen mitzuteilen. Und daß ich diese Schwierigkeit empfinde, beklemmt mich eben." (BBl. 1908 S. 9.) —

Dazu kamen noch andere Motive. Wagner schreibt an Nietzsche schon Januar 1872: Sie müssen es uns verzeihen, wenn wir den Peripetien nicht Ihrer Entwicklungs-, aber sozusagen der Feststellungsphasen Ihres Berufes, soweit diese sich auf Ihr inneres Gemütsleben beziehen, oft mit großer Beklemmung zusehen. Wir haben in Ihnen, seit unserer Bekanntschaft, auffällige Beunruhigungen wahrgenommen, zu deren Erklärung Sie zwar oft sehr vertraulich beitrugen, welche sich dennoch aber in fast regelmäßigen Perioden so bestimmt wiederholten, daß wir uns schließlich zu einer ernst-freundschaftlichen Vorsicht für unsern Verkehr mit Ihnen angehalten fühlten. — Während uns die wunderlichsten Mutmaßungen überschlichen und wir fast zur Annahme gelangten, die Veröffentlichung Ihres Buches (Geburt der Tragödie), ja die ganze Abfassung desselben könnte Sie, wenigstens für eine Zeitlang, in eine fast wie reumütig aussehende Stimmung versetzen, melden Sie uns, nach längerem Schweigen, Ihre Erkrankung. Und diese Erkrankungen haben uns schon oft erschreckt, nicht weil sie uns ernstliche Befürchtungen für Ihren physischen, sondern für Ihren Seelenzustand erweckten." (BBl. 1908 S. 8.)

Nach dem Erscheinen des Aphorismenbuches schrieb Wagner an Franz Overbeck: Aus Ihren kurzen Andeutungen entnehme ich, daß unser alter Freund Nietzsche sich auch von Ihnen zurückgezogen erhält. Gewiß sind sehr auffällige Veränderungen mit ihm vorgegangen; wer ihn jedoch schon vor Jahren in seinen psychischen Krämpfen beobachtete, dürfte sich fast nur sagen, daß eine längst befürchtete Katastrophe nicht ganz unerwartet bei ihm eingetreten ist. Ich habe für ihn die Freundschaft bewahrt, sein Buch nicht zu lesen, und möchte weiter nichts wünschen und hoffen, als daß er mir dies dereinst noch danke!"

Und nach anderthalb Jahren berichtete er nochmals an Overbeck: Wie wäre es möglich, diesen so gewaltsam von mir geschiedenen Freund zu vergessen! Hatte ich auch stets ein

Gefühl davon, daß Nietzsche bei seiner Vereinigung mit mir von einem geistigen Lebenskrampfe beherrscht werde, und mußte es mir nur wunderbar bedünken, daß dieser Krampf in ihm ein so seelenvoll leuchtendes und wärmendes Feuer erzeugen konnte, wie es sich aus ihm zum Staunen aller kundtat; und habe ich an der Entscheidung seines innern Lebensprozesses mit wahrhaftem Entsetzen ersehen, wie stark und endlich unerträglich jener Krampf ihn bedrücken mußte, so muß ich endlich auch wohl ersehen, daß mit einem so gewaltsamen psychischen Vorgange nach sittlichen Annahmen gar nicht zu rechten ist, und erschüttertes Schweigen einzig übrig bleibt. (O. I 263/64.)

## X. Ariadne.

„Daß außer der durch die divergenten Entwicklungslinien der beiden Männer (Nietzsche und Wagner) bedingten Gegnerschaft auch ein privater Grund vorlag, der sie als Menschen auseinander brachte, dies bezeugt ein Brief Wagners an Nietzsches Arzt Dr. Eiser aus dem Jahre 1877, der sich seines intimen Inhalts wegen jedoch der Veröffentlichung entzieht", sagt Julius Kapp, Wagnerbiographie, Berlin 1910, S. 108. Sollte dieser Brief vielleicht mit der Ariadnefrage im Zusammenhange stehen?? Auch wenn die Antwort negativ lauten sollte, so ist doch diese Frage betreffend die Beziehungen Nietzsches zu Wagner und dem Wagnertume gerade von so kardinaler Wichtigkeit, daß sie an dieser Stelle eingefügt werden muß; auch sie wird, — wenn nicht heute, so doch morgen —, einen Bestandteil des Bruches der Freundschaft zuversichtlich bilden.

„Ariadne, ich liebe dich", lautet der Zettel, den Nietzsche 1889 unmittelbar nach seiner geistigen Umnachtung an Frau Cosima Wagner sandte; an Professor Jakob Burkhardt in Basel gelangte ebenfalls unterm 4. Januar 1889 ein Zettel folgenden Inhalts: Das war der kleine Scherz, dessentwegen ich mir die Langeweile, eine Welt geschaffen zu haben, nachsehe; nun sind Sie, bist Du unser größter Lehrer, denn ich, zusammen mit Ariadne, habe nun das goldene Gleichgewicht aller Dinge zu sein; wir haben in jedem Stücke solche, die über uns sind!" und vom 6. Januar 1889 als Postskript eines Briefes an Burkhardt: „Der Rest für Frau Cosima, Ariadne, von Zeit zu Zeit wird gezaubert." (O. II 80, 535.) In Nietzsches berühmter Schrift: „Ecce homo" heißt eine Aufzeichnung: „Wer weiß außer mir, wer Ariadne ist; von allen solchen Rätseln hatte niemand bis jetzt die Lösung; ich zweifle, daß jemand auch hier nur Rätsel sah." —

In seinen Dionysosdithyramben des Jahres 1888 hatte Nietzsche die im IV. Teile des Zarathustra Ende 1884 dem Zauberer (Wagner) in den Mund gelegte Klage an den unbekannten Gott als „Klage der Ariadne" umgeändert. Nach der Schlußstrophe: „Nein, komm zurück mit allen deinen Martern, zur letzten aller Einsamen, o komm zurück! All meine Tränenbäche laufen zu dir den Lauf! Und meine letzte Herzensflamme, dir glüht sie auf! O komm zurück, mein unbekannter Gott, mein Schmerz, mein letztes Glück!" hat Nietzsche folgendes eingefügt: „Ein Blitz, Dionysos wird in smaragdner Schönheit sichtbar! — Dionysos: sei klug, Ariadne, du hast kleine Ohren, du hast meine Ohren; steck ein kluges Wort hinein; muß man sich nicht erst hassen, wenn man sich lieben soll! Ich bin dein Labyrinth!" — In der 1888 verfaßten „Götzendämmerung" im Abschnitte „Streifzüge eines Unzeitgemäßen" heißt es in Nummer 19 (Schön und häßlich): „O Dionysos, Göttlicher, warum ziehst du mich an den Ohren?" fragte Ariadne einmal bei einem jener berühmten Zwiegespräche auf Naxos ihren philosophischen Liebhaber. „Ich finde eine Art Humor in deinen Ohren, warum sind sie nicht noch länger?" —

In Bd. XIII NW. S. 250 Aph. 599 (Moral und Physiologie) findet sich aus dem Jahre 1885 die Aufzeichnung: „Am Leitfaden des Leibes lernen wir, daß unser Leben durch ein Zusammenspiel vieler sehr ungleichwertiger

Intelligenzen, moralisch geredet durch die unausgesetzte Übung vieler Tugenden möglich ist. — Gerade an dieser Stelle hielt Ariadne es nicht mehr aus; die Geschichte begab sich nämlich bei meinem ersten Aufenthalte auf Naxos. Aber mein Herr, sprach sie, Sie reden Schweinedeutsch! — Deutsch, antwortete ich, lassen Sie das Schwein weg, meine Göttin; Sie unterschätzen die Schwierigkeit, feine Dinge deutsch zu sagen! — Feine Dinge, schrie Ariadne entsetzt auf; aber das war nur Positivismus, Rüsselphilosophie, Begriffsmischmasch und -mist aus hundert Philosophien; und dabei spielte sie mit dem berühmten Faden, der einstmals ihren Theseus durch das Labyrinth leitete. Also kam es zutage, daß Ariadne in ihrer philosophischen Ausbildung um zwei Jahrtausende zurück war. — Und in Bd. XIV NW. findet sich S. 253 der Aphorismus: Naxos. Aus den Gesprächen zwischen Dionysos, Theseus und Ariadne. Theseus wird absurd, sagte Ariadne, Theseus wird tugendhaft. (Der Held sich selbst bewundernd, absurd werdend.) Eifersucht des Theseus auf Ariadnes Traum. Dionysos ohne Eifersucht: Was ich an dir liebe, wie könnte dies ein Theseus lieben; man ist nicht eifersüchtig, wenn man Gott ist, es sei denn auf Götter! — Ariadne, sagte Dionysos, du bist ein Labyrinth, Theseus hat sich in dich verirrt, er hat keinen Faden mehr; was nützt es ihm nun, daß er nicht vom Minotaurus gefressen wurde; was ihn frißt, ist schlimmer als ein Minotaurus! — Du schmeichelst mir, antwortete Ariadne, aber ich will nicht mitleiden, wenn ich liebe; ich bin meines Mitleidens müde, an mir sollen alle Helden zugrunde gehen! Das ist meine letzte Liebe zu Theseus, ich richte ihn zugrunde. Letzter Akt: Hochzeit des Dionysos und der Ariadne. — Diese Aufzeichnung entstammt dem Jahre 1887, der Zeit der Abfassung der „Genealogie der Moral." — Aus diesen Aufzeichnungen geht hervor, daß, wie Bernoulli schon bezüglich der Wahnsinnszettel bemerkt, Nietzsche unter Ariadne Frau Cosima Wagner verstanden hatte. — Ariadne, die Tochter des Königs Minos von Kreta, verliebte sich in Theseus, der als Tribut für den Minotaurus gelandet war, und gab ihm einen Faden, mittels dessen er nach der Tötung des Minotaurus sich aus dem Labyrinth befreien konnte. Ariadne floh mit Theseus, wurde aber von diesem auf Naxos verlassen! Dionysos findet die Verlassene, wird von ihrer Schönheit bezaubert, und vermählt sich mit ihr. — Bernoulli machte hierzu in seinem Buche: „Overbeck und Nietzsche" die Bemerkung: Der Gewinn seines Triebschener Erlebnisses war Nietzsches rein subjektives Geschenk seiner Dionysoskonzeption als einer tiefsten eigensten Erfahrung. Als sich sein erlöschendes Ichbewußtsein ausbreitete zur Dionysosinkarnation wurde ihm der unvergeßliche Schatten dieser Frau zur Vision der Dionysosbraut. (O. II 86, 79.) In seiner diesbezüglichen Darstellung verweist Bernoulli unter anderm auf die anschauliche Schilderung, die Frau Förster in der Nietzschebiographie über eine Unterhaltung während eines Besuches in Triebschen gegeben hat, wo es S. 26 heißt: „Allmählich wurde der Bann des Schweigens gebrochen; Wagner, Cosima und mein Bruder begannen zu reden von der Tragödie des menschlichen Lebens, von den Griechen, den Deutschen, von Plänen und Wünschen. Niemals, weder vorher noch nachher, habe ich in der Unterhaltung dreier so verschiedener Menschen einen gleich wundervollen Zusammenklang wiedergefunden; jeder hatte seine eigene Note, sein eigenes Thema, und betonte es mit aller Kraft, und doch welch prachtvolle Harmonie! Jede dieser eigenartigen Naturen war auf der Höhe, leuchtete in ihrem eigenen Glanze, und doch verdunkelte keiner den andern!" — Bernoulli führt aus, daß Nietzsche in dieser Frau mit allen seinen Impulsen der Leidenschaft und des Willens die unbedingte Lebensenergie, auf Künstlerboden erwachsen, erschaute. (O. II 86). Nietzsche ist hier unzweifelhaft als Dionysos und Wagner als Theseus dargestellt.

Der Bernoullischen Darstellung gegenüber hat Frau Förster in der Wiener Zeitung „Die Zeit" vom 17. Novbr. 1908 eine Entgegnung veröffentlicht, worin dargelegt wird, daß Hans von Bülow zur Zeit des Erscheinens der „Geburt der Tragödie" Nietzsche mündlich erklärt habe, er selbst, Bülow, beliebe das Verhältnis Bülow—Wagner—Cosima so darzustellen, daß Wagner Dionysos, Cosima die Ariadne und er selbst Theseus wäre. Dies, sagt Frau Förster, sei sehr erklärlich, da ja auch Nietzsche so oft Wagners Musik als eine dionysische bezeichnet habe. Späterhin habe sich dies zwar geändert; doch sei es merkwürdig, daß in den Entwürfen zu den Gesprächen auf Naxos, die offenbar im Spätherbst 1885 niedergeschrieben worden wären, an einer Stelle die drei Personen Dionysos, Theseus und Ariadne ungefähr dasselbe sagen, was in Wirklichkeit Cosima, Wagner und Bülow in den Jahren 1871 und 1872 gesagt haben; Dionysos gibt (angeblich) genau Wagners eigene Worte in Hinsicht auf seine mangelnde Eifersucht wieder, während Ariadne die Worte Bülows wiederholt; doch ist alles in die Sphäre des Symbolischen erhoben, sagt Frau Förster. Hinsichtlich der Bemerkung Nietzsches in „Ecce homo" führt diese an: daß es uns bis jetzt noch nicht möglich gewesen, aus Nietzsches sonstigen Papieren eine bestimmte Antwort darauf zu geben. — Hinsichtlich des Aphorismus in der „Götzendämmerung" sagt Frau Förster: „Hier erscheint also Ariadne als die Schönheit, die sich offenbar mit Eselsohren schmücken soll; ich glaube, dieser Aphorismus zeigt deutlich, wie abgeschmackt die Erfindung ist, Ariadne mit Cosima zu identifizieren!" — Was schließlich die „Klage der Ariadne" anbetrifft, bemerkt Frau Förster, sie habe ohne Erfolg in dem ungedruckten Material eine Erklärung jener Stelle gesucht; es müssen offenbar Handschriften in Turin bei Erkrankung Nietzsches liegen gelassen oder verloren gegangen sein. — Soweit Frau Förster. —

Nietzsche selbst würde hier mit aller Energie seiner Schwester entgegnen, was er in „Ecce homo" in aller Schärfe ausgesprochen hat: „Ich will mit niemandem verwechselt werden!" Tatsächlich darf wohl heute darüber in der gesamten Wissenschaft und Kunst kein Zweifel obwalten, daß sowohl in den Wahnsinnszetteln, als in sämtlichen Aufzeichnungen Nietzsches über den Ariadnegegenstand ausschließlich unter Ariadne Frau Cosima, unter Dionysos

Nietzsche und unter Theseus Wagner verstanden werden müssen. Gewiß kann zugegeben werden, daß Bülow im Jahre 1872 an Nietzsche jene Mitteilungen gemacht hat, wen er sich zu damaliger Zeit unter diesen drei Personen vorgestellt hat. Aber zur Zeit der Aufzeichnungen hatte Nietzsche in seiner Umwertungsperiode in Dionysos die höchste Inkarnation aller Rechtfertigung des Lebens ersehen, und sich selbst mit Dionysos identifiziert, während er Wagner wegen seiner christlichen Periode und seines katholizierenden Kunstwerks Parsifal als Dekadenten und Verleumder des Lebens bezeichnete und ihn als Jünger des Gekreuzigten erschaute, der ihm als Fluch auf das Leben erschien. Aus den Aufzeichnungen geht auch gar nichts anderes hervor.

In dem von Frau Förster erwähnten Gespräch auf Naxos im XIV. Bde. NW. spricht erst Ariadne: „Theseus wird absurd, Theseus wird tugendhaft"; das ist eine direkte Anspielung auf die Bekehrung Wagners zum Christentum; Bülow kann hier gar nicht unter Theseus verstanden werden. Aus dem zweiten Teile dieses Gesprächs, worin Ariadne alles Mitleiden verwirft, sich als mitleidsmüde gebärdet und damit schließt: „Das ist meine letzte Liebe zu Theseus, ich richte ihn zugrunde!" geht hervor, daß hier eine Anspielung auf Parsifal gemeint ist. In Parsifal hatte Wagner das Mitleiden zum welterlösenden Prinzip gestempelt; Nietzsche sah aber in Parsifal als der Verherrlichung der Lebensverneinung damals den Todhaß auf alle Erkenntnis, während er im Mitleiden ein Werkzeug zur Untergrabung des Gesetzes der Entwicklung und Selektion erblickte. Ariadne ist mitleidsmüde, parsifalmüde, ihre katholischen Instinkte werden sich in moralfreie Tugenden verwandeln, sie wird Theseus-Wagner als Lebensverleumder zugrunde richten und die Hochzeit mit Dionysos-Nietzsche begehen. Nietzsche spottet über Theseus-Wagner, daß er keinen Faden mehr hat, mittels dessen er sich aus dem Labyrinth, der Ariadne, in die er sich verirrt hat, retten kann, und Ariadne antwortet: An mir gehen alle Helden zugrunde; ich richte ihn zugrunde; sie will die Liebe des zum Kreuze zurückgekehrten Helden nicht mehr! — Der Aphorismus entstammt nicht, wie Frau Förster sagt, dem Jahre 1885, sondern aus dem Jahre 1887, wie deutlich aus dem Nachbericht zu Bd. XIV NW. hervorgeht. Frau Förster selbst hat in ihrer Nietzschebiographie Bd. II S. 862 aus eben jenem Sommer 1887 eine auf Frau Wagner und den Parsifal bezügliche Niederschrift veröffentlicht, die in indirektem Zusammenhange mit diesem Aphorismus steht: „Frau Cosima Wagner ist das einzige Weib größeren Stils, das ich kennen gelernt habe, aber ich rechne es ihr an, daß sie Wagner verdorben hat; er verdiente solch ein Weib nicht; zum Dank dafür verfiel er ihr. Der Parsifal Wagners war zu allererst und anfänglichst eine Geschmackskondeszendenz Wagners zu den katholischen Instinkten seines Weibes, der Tochter Liszts, eine Art Dankbarkeit und Demut von seiten einer schwächern, leidendern Kreatur hinauf zu ihr, welche zu schützen und zu ermutigen verstand, das heißt zu einer stärkern, begrenztern; zuletzt selbst eine Art jener ewigen Feigheit des Mannes vor allem „Ewig-Weiblichen." Ob nicht alle großen Künstler durch anbetende Weiber verdorben worden sind? Wenn diese unsinnig eitlen und sinnlichen Affen, denn das sind sie fast allesamt, zum ersten Male und in nächster Nähe den Götzendienst erleben, den das Weib in solchen Fällen mit allen ihren untersten und obersten Begehrungen zu treiben versteht, dann geht es bald genug zu Ende! Der letzte Rest von Kritik, Selbstverachtung, Bescheidenheit und Scham vor dem Größern ist dahin; von da an sind sie jeder Entartung fähig. Diese Künstler, die in der herbsten und stärksten Zeit ihrer Entwicklung Gründe genug hatten, ihre Anhängerschaft in Bausch und Bogen zu verachten, diese schweigsam gewordenen Künstler werden unvermeidlich das Opfer jeder ersten intelligenten Liebe, oder vielmehr jedes Weibes, das intelligent genug ist, sich in Hinsicht auf das Persönlichste des Künstlers intelligent zu geben, ihn als leidend zu verstehen, zu lieben." — Auf Cosima und Parsifal in indirektem Zusammenhange mit jenem Aphorismus des XIV. Bandes NW. bezieht sich auch eine Stelle in Bd. 10 TA. Aph. 864: Das Weib herrscht, wenn es gelingt, die Starken zu überwältigen! — Das Weib bringt die Kinder beiseite für den Kultus der Pietät, des Mitleids, der Liebe! Die Mutter repräsentiert den Altruismus überzeugend!

Die katholischen Instinkte dieser Frau waren aber früher auf Triebschen durchaus nicht zur Herrschaft gelangt, zu jener Zeit, als Nietzsche Wagner als Immoralisten pries, Siegfried im Nibelungenring feierte, dessen Entstehung ihm bereits eine Kriegserklärung an die Moral war, und, als Wagner seinen „Siegfried" vertonte, in Siegfried und Brunhilde das Sakrament der freien Liebe erschaute. Aus jener Triebschener Zeit gibt uns Frau Förster in ihrer Nietzschebiographie eine Skizze der Frau Wagner: „Sie war in einem rosa Cashamiregewand mit breiten echten Spitzenaufschlägen, die bis zum Saum des Kleides hinabhingen. Am Arm hing ihr ein großer Florentinerhut mit einem Kranz von rosa Rosen." (NB. II 25.) Hier trug die „königliche Hoheit", wie Bernoulli Frau Wagner einmal nennt, fern von katholisierenden Instinkten, den Zauber der Romantik und einen Nachschlag der Galanterie und gesellschaftlichen Konnivenz der Salons der Gräfin d'Agoult, ihrer Mutter, zur Schau. Hier war weder von katholischen Symbolen, noch von Lebensverneinung, Asketismus und vom Hasse gegen die Sinnlichkeit etwas zu verspüren. Dies hatte sich später geändert, und wenn Raoul Richter sagt: „Wenn sich Männer wie Wagner dem Leben der Art hemmend in den Weg stellen, so gilt es für den biologischen Moralisten den Vernichtungskampf gegen sie zu führen, denn der Ethik der Lebensbejahung droht von der Ästhetik der Lebensverneinung her der Angriff, und er wird von dem Genie dieser Kunstrichtung geführt" (R. 253), dann müßte auch das Urteil über Frau Cosima, die die Verantwortung für dieses Tonwerk in seiner heutigen Gestaltung in Wort und Ton zu tragen hat, das nämliche sein. Im übrigen wäre bezüglich der katholisierenden Bestrebungen dieser großen Frau folgende Stelle aus Aph. 871 Nietzsches in NTA. Bd. 10 zutreffend:

„Hat man bemerkt, daß im Himmel alle interessanten Menschen fehlen? — Denkt man ein wenig konsequent und außerdem mit einer vertieften Einsicht in das, was ein großer Mensch ist, so unterliegt es keinem Zweifel, daß die Kirche alle großen Menschen in die Hölle schickt, sie kämpft gegen alle Größe des Menschen!" —

Gänzlich mißverstanden scheint Frau Förster den angezogenen Aphorismus in der „Götzendämmerung" zu haben, wenn sie behauptet, Ariadne sollte sich hier mit Eselsohren schmücken! im Gegenteil: derselbe steht im Zusammenhange mit der Stelle in der Klage der Ariadne: „Ariadne, du hast kleine Ohren, du hast meine Ohren!" hier werden wieder die kleinen Ohren bewundert, und deshalb wird scherzweise die Frage aufgeworfen: „Warum sind sie nicht noch länger?" — Hier ist auch von einem philosophischen Liebhaber der Ariadne die Rede; das kann aber weder Bülow noch Wagner als Künstler sein, sondern allein Friedrich Nietzsche. Nietzsche war der Philosoph, der keine Ehe, keine Kinder brauchte, weil seine Seele die Welt war. Über den Künstler Wagner schrieb er dagegen in „Ecce homo": „Hat man meine Antwort auf die Frage gehört, wie man ein Weib kuriert, erlöst? Man macht ihm ein Kind!" — Über den Aphorismus in Bd. XIII NW. spricht sich Frau Förster nicht aus, wohl deshalb, weil dort von Positivismus die Rede ist, und sich das ganze Gespräch nur auf Nietzsche, nicht aber auf Wagner beziehen kann. Nietzsche fügt ausdrücklich hinzu: „Die Geschichte begab sich nämlich bei meinem ersten Aufenthalte auf Naxos!" Vielleicht, daß unter Naxos diesmal nicht Triebschen, sondern Sorrent verstanden war, weil ein Gespräch über Positivismus in Triebschen, da Nietzsche sich hiermit noch gar nicht beschäftigte, auch nicht möglich gewesen wäre. — Bezüglich der übrigen Aufzeichnungen und Zettel sagt Frau Förster, daß sie im Nachlasse die nötigen Erklärungen hierzu nicht gefunden hat?! — Ein philosophisches Genie, dessen Persönlichkeit sich in seiner Weltweisheit widerspiegelt, der in der entgotteten Welt selbst

Zarathustra und Dionysos wird, der alle Schranken der Moral, Religion, Erkenntnis durchbrochen, und die Werte umzuwerten versucht hat, dieser Große dürfte also nicht einmal eine Liebeserklärung schreiben, ohne daß er in seinen Papieren Rechenschaft hierüber gegeben hätte; was gingen denn solche Dinge die Menschheit an?? Nietzsche hatte Triebschen geliebt, wie wir aus zahlreichen Dokumenten ersahen. Wenn Wagner je einen Freund besessen hatte, er war es, der gleich nach Cosima kam; und die große Verehrung, die die Meisterin für ihn hatte, hatte er selbst nicht unerwidert gelassen. Wir haben aus zahlreichen Briefen ersehen, wie großes Interesse Frau Cosima für Nietzsche bekundete, an seinen Abhandlungen, Vorträgen, wie sie seine Schriftwerke „Geburt der Tragödie" und „Wagner in Bayreuth" liebte, wie sie immer mitfühlte; wie auch die Schwester und die Freunde Nietzsches nach Triebschen und Bayreuth eingeladen wurden; Nietzsche war Wagner neben Cosima und dem Sohne Siegfried das Tertium im allerintimsten Kreise! Und Nietzsche selbst sagt noch in „Ecce homo", wo er von dem intimen Verkehr mit Wagner spricht: „Ich lasse den Rest meiner menschlichen Beziehungen billig; ich möchte um keinen Preis die Tage von Triebschen aus meinem Leben weg haben." Und nach des Meisters Tode entwarf er ein Schreiben an Frau Cosima, worin es heißt: „Sie haben Einem Ziele gelebt, und ihm jedes Opfer gebracht; und über die Liebe jenes Menschen hinaus erfaßten Sie das Höchste, was seine Liebe und sein Hoffen erdachte! Dem dienten Sie, dem gehörten Sie und Ihr Name immerdar, dem, was nicht mit einem Menschen stirbt, ob es schon mit ihm geboren wurde! So sehe ich heute auf Sie, und so sah ich, wenn gleich aus großer Ferne, immer auf Sie als die bestverehrte Frau, die es in meinem Herzen gibt!" (NB. II 863.)

Im Februar 1882 hatte er ihr allerdings ein merkwürdiges Kompliment gemacht; er schrieb damals an seine Schwester, daß er in Genua Sarah Bernhardt als Kameliendame gesehen habe, und fügte bei: sie erinnerte mich in Aussehen und Manieren sehr an Frau Wagner! (NBr. V.)

Frau Cosima hatte später gemeinsam mit Wagner über Nietzsche die große Exkommunikation verhängt und dies auch in einem Schreiben an Frau Förster (Abschnitt Aphorismenbuch) bestätigt; sie hatte nach Wagners Tode das große Unternehmen zu Bayreuth selbst geleitet; ihre Traditionen und ihre Exkommunikationen sind weltberühmt geworden. Der bekannte Gesangspädagoge Julius Hey sagt in tiefer Wehmut in seinem Nachlaßwerke „Wagner als Vortragsmeister“: „Nach dem Tode des Meisters betrachtete das deutsche Volk die Fortführung der Festspiele als genügende Testamentsvollstreckung. Den tiefen Sinn der Worte Wagners bei der Grundsteinlegung des Festspielhauses hat man entweder nie verstanden, oder längst vergessen. In bequemer Gewohnheit überließ man die Weiterentwicklung des unermeßlichen Erbes einer nach außen streng abgegrenzten Kunstpflege im pietätvollen aber engern Familienkreis. Die erhoffte Wirkung in die Ferne blieb aus; unsere Musikschulen und Opernhäuser bezeugen das!“ — Über das Herrschertalent dieser großen Frau, das der Verfasser an anderer Stelle mit demjenigen Napoleons verglich, spricht sich die Gräfin von der Pahlen (Frau von Ungern-Sternberg) in ihrem Buche „Nietzsche im Spiegelbilde seiner Schrift“ am Beispiele einer Handschriftprobe dahin aus, daß Frau Wagner sich jeder Lage gewachsen weiß; sie ist von Selbstbewußtsein getragen, von ungewöhnlichem Verstande, Festigkeit des Charakters, Tiefe und Beharrung in der Leidenschaft; sie erscheint prädestiniert dazu, einen Thron einzunehmen und zu behaupten. — Bezüglich der Frage der Herkunft dieses ungewöhnlichen Herrschertalentes käme vielleicht Nietzsches Auffassung in Betracht, daß wir eher die Kinder unserer Großeltern als unserer Eltern sind; daß die Keime des großelterlichen Typus in uns reif sind, in unsern Kindern dagegen die Keime unserer Eltern. (NW. Bd. XIII.) Die Großmutter der Frau Cosima war nun tatsächlich eine Maria Bethmann aus Frankfurt a. M., die den Grafen von Flavigny in Paris geheiratet hatte; diese Maria Bethmann war die Schwester jenes Simon Moritz Bethmann, geb. 1768, gest. 1826, der von Kaiser Franz Josef I. geadelt wurde, und dessen Vater Joh. Philipp gemeinsam mit seinem Bruder Simon Moritz im Jahre 1748 das Bankhaus Bethmann in Frankfurt a. M. gegründet hatte. Die Schwester der Maria, namens Susanne, hatte Jakob Hollweg geheiratet, der den Namen Bethmann-Hollweg führte, und der Stammvater des Reichskanzlers Bethmann ist. Nach der Biographie waren die Ureltern Bethmann im 16. Jahrhundert als Israeliten nach Nassau ausgewandert, und hatten in Frankfurt den jüdischen Glauben aufgegeben. Nach einer andern Version sollen die Bethmanns im 15. Jahrhundert aus Goslar im Harz den bürgerlichen Ständen entstammen. Wenn wir nach dem Quellenwerk annehmen, daß der Gründer des Bankhauses Bethmann in Frankfurt israelitischer Abstammung gewesen ist, so mag in bezug auf die Rasse mindestens eine Ingredienz jener ungeheuren Zähigkeit der Vorfahren der Maria Bethmann innegewohnt, und sich auf ihre Nachkommen vererbt haben; diese Ingredienz hat sich vielleicht in der Herrschergewalt der Frau Cosima dokumentiert.

Aus den Briefen Wagners an Nietzsche und Overbeck ersahen wir, wie Wagner schon in Triebschen für das seelische Leiden Nietzsches fürchtete. Eines ist aber dabei Tatsache: je mehr sein Leiden zunahm, das sich später zur Paralyse entwickelte, die ihm den Tod brachte, und je mehr er sich von Wagner entfernte, desto großartiger war die Leidenschaft für jene Frau ihm zur Tragik geworden; und er selbst, der kurze Zeit vorher mit seinem Alterego, dem Zarathustra in dem Liede „Auf hohen Bergen“ die Vermählung feierte: „Freund Zarathustra kam, der Gast der Gäste; nun lacht die Welt, der grause Vorhang riß, die Hochzeit kam für Licht und Finsternis!“ feiert nunmehr Hochzeit von Dionysos mit Ariadne. Zur Zeit als Nietzsche diesen Aphorismus niederschrieb, gedachte er in der Schrift: „Genealogie der Moral“, daß einst Wagner den Gedanken der Hochzeit Luthers beschäftigte, und daß wir heute an Stelle dieser Hochzeitsmusik die Meistersinger besitzen. Luthers Verdienst aber war vielleicht in nichts größer, als gerade darin, den Mut zu seiner Sinnlichkeit gehabt zu haben. Dagegen ersah Nietzsche in Wagners Parsifal „die Ausgeburt eines toll gewordenen Hasses auf Erkenntnis, Geist und Sinnlichkeit von seiten eines Künstlers, der bis dahin mit aller Macht seines Willens auf höchste Vergeistigung und Versinnlichung seiner Kunst und seines Lebens aus gewesen war.“ (NW. Bd. VII S. 402/3.) Daß in dem zu jener Zeit niedergeschriebenen Naxos-Aphorismus Wagner, den Nietzsche damals als „Bauchredner Gottes“ verhöhnte, nicht unter Dionysos verstanden sein konnte, liegt außer Frage. Und so kommen wir denn heute dazu, weder mit Richter, Lichtenberger und Gefolge die Motive des Bruches der Freundschaft lediglich in veränderter Weltanschauung als Motiv der Liebe zur Wahrheit zu sehen, noch mit den Neu-Bayreuthianern als aus Wahnsinn entstanden, noch mit Wagnerianern aus bloßen Meinungsverschiedenheiten in Persönlichem (Musik u. a.) hervorgegangen zu erschauen, vielmehr werden wir nach diesem und den vorhergehenden Abschnitten vier Hauptmotive zu unterscheiden haben: veränderte Kunst- und Weltanschauung (Positivismus), die später in der Umwertungslehre ihre Kulmination erreichte; sodann die Enttäuschung über die erträumte gemeinsame Kulturmission Nietzsches mit Wagner; ferner persönliche Gründe in musikalischer, allgemein künstlerischer und psychischer Beziehung; Frau Förster rechnet hierzu auch die Tyrannei Wagners, vollständige Unterwerfung unter seine Anschauung zu fordern; und mit den persönlichen Motiven zusammenhängend dasjenige, was hier als Ergebnis der Ariadnefrage vorliegt. Wenn man die im vorhergehenden Abschnitte behandelten Briefe Wagners über das Psychische bei Nietzsche mit der Ariadnefrage in Zusammenhang bringt, und die spätere Katastrophe bei Nietzsche in Anrechnung zieht, so wird man dem von Chamberlain formulierten Satze über den Bruch der Freundschaft: „Wahn bricht Treue“ unter Umständen eine gewisse Berechtigung nicht absprechen können. Wir aber wollen zum Schlusse nicht vorenthalten, was Glasenapp im VI. Bande seiner Wagnerbiographie bezüglich Frau Cosima, die einst Bülow das „ipsissimum Lisztum" nannte, sagt: Möge eine gütige Gottheit sie, die Hüterin des Grales, die Schöpferin des Stiles im Sinne Richard Wagners, dem deutschen Volke und Bayreuth noch lange erhalten; sie allein hat durch ihre geniale Tatkraft das an die Allgemeinheit gerichtete Wort des Reformators: „Wollen Sie, so haben wir eine Kunst!" zur Erfüllung gebracht. Sie hat gewollt und gekonnt, und dem einzig dastehenden Künstler für sein Werk nun auch den wollenden und könnenden Erben geschenkt. (WB. VI 812.)

Betreffend „Klage der Ariadne" siehe den Schluß des Parsifalverdikt-Abschnittes. Siehe auch den Epilog.

## XI. Wagners Bühnenweihfestspiel und Regeneration.

Parsifal, das heilige Mysterium zu Bayreuth, hat durch die stilgerechten und einzigen Aufführungen dortselbst seinen Weltruf erworben; es ist auch in aller Welt bezüglich des Ablaufes der Dauer der dreißigjährigen Schutzfrist für Wagners Bühnenwerke und der dadurch hervorgerufenen akuten Parsifalfrage, sowie durch die gegen den Willen der Erben Wagner erfolgten Aufführungen Parsifals in Amerika bekannt geworden. — Schon 1880 schrieb Wagner nach Vollendung der Komposition an seine Patrone: Sowohl um der mir bisher zugewendeten meistens aufopferungsvollen Teilnahme meiner Freunde mich dankbar zu erweisen, als auch um die Möglichkeit mir zu wahren, noch während meines Lebens vollkommen stilgerechte Aufführungen meiner sämtlichen Werke mit der nötigen Deutlichkeit und nachhaltigen Eindringlichkeit vorzuführen, habe ich mich dazu entschlossen, zunächst meine neueste Arbeit ausschließlich und einzig für Aufführungen in dem Bühnenfestspielhause zu Bayreuth, und zwar in der Weise zu bestimmen, daß sie hier dem allgemeinen Publikum dargeboten sein sollen. (W. Ges. Schriften Bd. X S. 32.) Aber in einem Briefe an Hans von Wolzogen vom März 1882 schreibt er, daß er die Bestimmung seiner Entschlüsse bezüglich der Freigabe des Nibelungenringes schon deshalb für Parsifal unmöglich gemacht zu haben glaube, „daß ich mit seiner Dichtung eine unsern Operntheatern mit Recht durchaus abgewandt sein sollende Sphäre beschritt.“ (W. X S. 287.) Und diese Mitteilung hatte er bereits im September 1880 an König Ludwig II. gerichtet: „Wie kann und darf eine Handlung, in welcher die erhabensten Mysterien in Szene gesetzt sind, auf Theatern wie die unsrigen hier vorgeführt werden? Parsifal ist ein Bühnenweihfestspiel, und so muß ich ihm eine Bühne zu weihen suchen, und das kann nur mein einsam dastehendes Bühnenfestspielhaus in Bayreuth sein. Dort darf der Parsifal in aller Zukunft einzig und allein aufgeführt werden; nie soll der Parsifal auf einem andern Theater dem Publikum zum Amüsement dargeboten werden.“ Diesen Willen Wagners auch nach dem Tode zu befolgen, erachtete die Familie Wagner als ihre „hehrste und heiligste Aufgabe.“ Sie war bemüht, bei Beratung des deutschen Reichsgesetzes betr. Urheberrecht an Werken der Literatur und Tonkunst vom Juli 1901 die Erhöhung der Schutzfrist von dreißig auf fünfzig Jahre zu erwirken, wenn auch ohne Erfolg; und im Jahre 1909 wurde im deutschen Bühnenverein, in Befürchtung, daß doch bei erneuten Erwägungen im Reichstage die Frist für Bühnenwerke im allgemeinen des Parsifal wegen auf fünfzig Jahre erhöht werden könnte, und um den heiligen letzten Willen des größten Mannes des vergangenen Jahrhunderts zu erfüllen, der Antrag gestellt: Der Bühnenverein möge eine Resolution fassen, laut welcher die Vereinsbühnenleiter sich verpflichtet halten, auch nach 1913 das Bühnenweihfestspiel Parsifal nicht aufzuführen, solange das Festspiel in Bayreuth unter der Leitung der Erben Wagners und des Verwaltungsrates der Festspiele steht; weiter verpflichten sich die Mitglieder des Bühnenvereins, im Falle anderweitige Theaterunternehmungen zur Aufführung des Parsifal schreiten sollten, ihre Mitglieder zu diesem Behufe nicht zu beurlauben. — Eine derartige Verpflichtung wird aber wohl zu einer Zeit, da die Bühnen gesetzlich zur Aufführung berechtigt sind, kaum möglich sein, um so weniger, als im Jahre 1910 anläßlich der Revision des deutschen Urheberrechtsgesetzes die Schutzfrist trotz erfolgter Anträge nicht erhöht worden ist; im übrigen hat der damalige Antragsteller selbst erklärt (siehe: Das Theater, Augustheft 1911), daß dieser freiwillige Verzicht der Bühnenleiter in der Folge undurchführbar geworden sei, weil inzwischen die Entstehung neuer Opernunternehmungen in den Großstädten zur Tatsache geworden ist, und diese nur dem Bühnenverein fernzubleiben brauchen, um sich des Parsifals zu bemächtigen. —

Als dann im Sommer 1903 der damalige Direktor des Metropolitanoperahauses Dr. Conried den Parsifal zur Aufführung bringen wollte, scheuten die Erben Wagners die Prozeßkosten nicht, um ihn daran zu verhindern; die Kläger wurden jedoch abgewiesen, weil der vom Beklagten benutzten untergestellten Taschenausgabe der Partitur die der großen Partitur beigegebenen Schutzbemerkungen in dem vollen erforderlichen Umfange fehlten, und Conried somit nach amerikanischen Gesetzen zur Aufführung befugt war. (Urteil i. S. Conried gegen M. G. Conrad betr. Ehrverletzung in: Conrad, Wagners Geist und Kunst in Bayreuth.) Bezüglich des Ehrbeleidigungsprozesses in Sachen Conried gegen Conrad mag hier an eine Äußerung Nietzsches erinnert werden: „Heute tatsächliches Übergewicht des Katholizismus; das Gefühl des Protestantismus so erloschen, daß die stärksten antiprotestantischen Bewegungen nicht mehr als solche empfunden werden, z. B. Wagners Parsifal. (NTA. Bd. IX Aph. 87 S. 69.)

An Operndirektor Angelo Neumann hatte Wagner geschrieben, daß, falls er bei Lebzeiten durch Abnahme der Kräfte seine Bayreuther Unternehmung nicht mehr fortführen könnte, dann auch an Neumann zu besonderen Zeiten Bühnenweihspiele zu veranstalten wohl zu überlassen sein können, „und einzig ihm würde dann in diesem Sinne der Parsifal von mir abgetreten werden!“ —

Bezüglich der fünfzigjährigen Frist sagt H. Poppe (Illustr. Leipziger Zeitung vom 16. Juli 1908): Zwar hat der aus der Kultur seines Volkes schöpfende Autor das anvertraute Pfand zurückzuerstatten, aber der maßgebende Wurf gelingt doch nur der Individualität; ungewöhnliche Hervorbringungen sollen auch ungewöhnlich genommen werden. Zwar unterliegt auch Bayreuth dem Wandel und Wechsel der Zeiten; auf neu gewonnenen Höhen mag später einmal die Bühnenkunst das Bühnenweihfestspiel übernehmen. — Im Augustheft 1911 der Zeitschrift „Das Theater“ spricht sich Maximilian Pfeiffer dahin aus, daß von idealen Gründen für eine Verlängerung der Schutzfrist des Parsifal sprechen: Ganz besondere Größe und unschätzbare erhabenste Geistesschöpfung und ganz einzigartige Erscheinung. Dagegen spricht der Umstand, daß nach dreißig Jahren materieller Erfolge die Allgemeinheit in ihre Rechte treten soll. In ewiger Wechselwirkung ist Geben und Empfangen gleich Empfängnis und Geburt geistiger Gebilde. — Nach der revidierten Berner Konvention von 1908 ist die Schutzfrist des Heimatlandes oder Ursprungslandes maßgebend für jeden andern dieser Konvention beitretenden Staat; in der Revision wurde die Bestimmung der fünfzigjährigen Schutzfrist aufgenommen; der damalige Reichskanzler Fürst von Bülow als Freund des Hauses Wahnfried soll diese Bestimmung in die Konvention lanciert haben, um so auf dem Umwege internationaler Verträge zu erreichen, was der deutsche Reichstag wiederholt abgelehnt hatte; allein letzterer hat eben keine Geneigtheit zur Verlängerung der Schutzfrist gezeigt, obwohl für sie die internationale Rechtsentwicklung spricht. — Von den Antworten auf eine Parsifalrundfrage der genannten Zeitschrift (Das Theater) ist wegen der Haltung Nietzsches gegenüber Parsifal die Bemerkung des Tonkünstlers Professor Engelbert Humperdinck zu erwähnen, daß die suggestive Kraft unmittelbarer dramatischer Wirkungen, wie sie den übrigen Schöpfungen Wagners zu eigen ist, dem Parsifalwerke, dessen Grundidee auf der Abkehr von der Welt beruht, durchaus fern ist; es fehlen ihm hierzu alle

Voraussetzungen. — Bezüglich der Verlagsunterhandlungen mit der Firma Schott in Mainz schrieb Wagner in einem Briefe an Feustel in Bayreuth vom 18. Juli 1881, daß das Bühnenweihfestspiel Parsifal mit seinen unmittelbar die Mysterien der christlichen Religion berührenden Vorgängen unmöglich in das Opernrepertoire unserer Theater aufgenommen werden darf. (WB. VI 523.) Und an Angelo Neumann schrieb er unterm 16. Oktober 1881: Nie darf und kann ich Parsifal auf andern Theatern aufführen lassen, es sei denn, daß sich ein wirkliches „Wagnertheater" ausbilde, ein Bühnenweihtheater, welches wandernd das über die Welt verbreite, was ich bis dahin rein und voll auf meinem Theater in Bayreuth gepflegt habe. Halten wir diesen Gedanken für Ihre Unternehmung unentwegt fest, so kann wohl die Zeit kommen, wo ich keinem Hof- oder Stadttheater, sondern dem wandernden Wagnertheater auch einzig den Parsifal übergebe. (WB. VI 532/33.) — Glasenapp veröffentlicht in Bd. VI der Wagnerbiographie das Schreiben der Frau Cosima an die Mitglieder des Deutschen Reichstages, dem wir folgende Stellen entnehmen: Richard Wagners Wunsch und Wille war es, daß sein Theater einzig auf dem Hügel zu Bayreuth stehe und daß einzig in diesem Hause sein Bühnenweihfestspiel Parsifal aufgeführt werde; dies ist sein Vermächtnis an die deutsche Nation! — Sie erwähnt, daß ohne den König von Bayern ein Teil seiner Werke unvollendet geblieben wäre. Daß das Theater, welches er unter unerhörten Drangsalen errichtete und durch seine Aufführungen weihte, von 1876 bis 1882 geschlossen bleiben mußte, drückte nur einen Teil der Leiden dieses Künstlers aus. Sein eigenes Denkmal hat er sich unter Leiden ohne Zahl in Bayreuth errichtet. Sie bittet die Vertreter der deutschen Nation, das geschehene Unrecht auszugleichen und den größten Meister mit der Ausführung seines letzten Willens zu ehren. (WB. VI 806/807.) — Hier sei auch erwähnt, daß Franz Liszt an die Fürstin Carolyne Wittgenstein schrieb: Parsifal ist mehr als ein Meisterwerk, er ist eine Offenbarung im Musikdrama. Man hat mit Recht gesagt, daß Wagner nach dem Gesang der Gesänge der irdischen Liebe „Tristan und Isolde“ rühmlichst im Parsifal den höchsten Gesang der göttlichen Liebe, soweit er es in dem engen Rahmen des Theaters tun konnte, gegeben hat; es ist das Wunderwerk des Jahrhunderts. (Jul. Kapp, Lisztbiographie, II. Ausgabe, S. 277.) Die Fürstin Wittgenstein war, wie wir sehen werden, anderer Meinung, und sie belegte Bayreuth mit dem Namen: das Atheistennest! —

Wagner, der in seiner Feuerbachschen Periode den Hochmut der Wissenschaft in der Verleugnung und Verachtung der Sinnlichkeit brandmarkte, und das unmittelbar sinnlich dargestellte Kunstwerk in dem Momente seiner leiblichen Erscheinung als Erlösung des Künstlers pries, war nunmehr, unter Beihilfe der katholischen Instinkte der Frau Cosima (siehe Ariadneabschnitt), in die christliche Phase eingetreten. Er knüpft hier an Schopenhauer an, welcher sagt: Die christliche Glaubenslehre symbolisiert die Erlösung im Mensch gewordenen Gotte; da die echte Tugend und Heiligkeit der Gesinnung ihren ersten Ursprung nicht in den Werken, sondern in der Erkenntnis, im Glauben hat, soll man Christus nicht individuell nach seiner mythischen Geschichte in den Evangelien, oder nach der ihm zugrunde liegenden mutmaßlich wahren Geschichte, sondern als Symbol der Verneinung des Willens zum Leben auffassen. Es ist der innerste Kern und Keim des Christentums mit dem des Brahmanismus und Buddhismus derselbe; nicht diese allein, sondern auch das wahre Christentum hat durchaus jenen asketischen Charakter, den die Philosophie als Verneinung des Willens zum Leben verdeutlicht hat. (S. I 519, 521; II 711, 725.) Ferner sind hier die Aussprüche Schopenhauers maßgebend, daß die Beobachtung einer ewigen Keuschheit um Gottes willen an sich als das höchste Verdienst des Menschen erscheint, und als Selbstzweck den Menschen heiligt und erhöht, und daß das höchste Streben auf völlige materielle Entselbstung gerichtet ist. (S. II 730.) — Die Frage, ob Parsifal buddhistisch oder katholisch sei, ist insofern eine müßige, als einmal Parsifal als

Kunstwerk an sich auf diese Schopenhauersche Theorie gegründet ist, die den Kern des Christentums und des Buddhismus als identisch qualifiziert, und sodann, weil Parsifal von der christlichen Periode Wagners und seinen daherigen Schriftwerken nicht losgelöst werden kann, indem die dort aufgestellten Theorien Wagners für Dichtung und Vertonung des Kunstwerks maßgebend sind. Und ferner erscheint die Behauptung, daß die Frage des Katholizismus im Parsifal deswegen gegenstandslos geworden sei, weil Wagner bereits in Dresden in der zweiten Hälfte der vierziger Jahre in den „Wibelungen, Weltgeschichte aus der Sage" die Lehre vom Gralshort aufgestellt hat, und, wie namentlich aus den Briefen an Mathilde Wesendonk ersichtlich ist, schon Ende der fünfziger Jahre Skizzen zur Dichtung entwarf, insofern als nicht zutreffend, weil, hätte Wagner in den vierziger oder fünfziger Jahren den Parsifal geschaffen, er in Dichtung und Vertonung anders ausgefallen sein würde, als dies in seiner christlichen Periode der Fall war. Wohl haben wir einen ausführlichen Prosaentwurf zu Parsifal aus dem Jahre 1865 (W. Ges. Schriften Bd. XI [Nachlaß] S. 395 ff.), der in der Hauptsache den Inhalt der spätern Dichtung wiedergibt. Aber von diesem Entwurfe mag lediglich dasjenige gelten, was der einstige Freund Nietzsches, Freiherr von Seydlitz, in der Zeitschrift „Die Musik" über Parsifal sagte: Wer eine Venus male, könne auch eine Maria malen! Nietzsche lernte tatsächlich 1868 Wagner als Atheisten und Immoralisten kennen, und es ist für Dichtung und Musik nicht allein der Entwurf von 1865, sondern in ganz hervorragender Weise die nachfolgende, in den Schriften über Kunst und Religion niedergelegte christliche Phase Wagners maßgebend gewesen. Wagner entwickelte in den Jahren 1880—81 in den Schriften „Religion und Kunst" und „Heldentum und Christentum" nachfolgende mit seinem Kunstwerke in engem Zusammenhange stehende Gedanken:

Der Gründer der christlichen Religion war nicht weise, sondern göttlich; seine Lehre war die Tat des freiwilligen

Leidens; an ihn glauben, hieß ihm nacheifern und Erlösung hoffen. Bezeichnen wir als Wunder einen Vorgang, durch welchen die Gesetze der Natur aufgehoben werden, und erkennen wir bei reiflicher Überlegung, daß diese Gesetze in unserm eigenen Anschauungsvermögen begründet, und unlösbar an unsere Gehirnfunktionen gebunden sind, so muß uns der Glaube an Wunder als ein fast notwendiges Ergebnis der gegen alle Natur sich erklärenden Umkehr des Willens zum Leben erscheinen. Das größte Wunder ist für den natürlichen Menschen jedenfalls diese Umkehr des Willens, in welcher die Aufhebung der Gesetze der Natur selbst enthalten ist; das, was diese Umkehr bewirkt hat, muß notwendig weit über die Natur erhaben und von übermenschlicher Gewalt sein, da die Vereinigung mit ihm als das einzig Ersehnte und zu Erstrebende gilt. — Wie von einem künstlerischen Bedürfnisse gedrängt, verfiel der Glaube auf das notwendige Wunder der Geburt des Heilandes durch eine Mutter, welche, da sie selbst nicht Göttin war, dadurch göttlich ward, daß sie gegen alle Natur den Sohn als reine Jungfrau, ohne menschliche Empfängnis, gebar. Das Wunder der Mutterschaft ohne natürliche Empfängnis bleibt aber nur durch das höchste Wunder, die Geburt des Gottes selbst ergründlich, denn in diesem offenbart sich die Verneinung der Welt als ein um der Erlösung willen vorbildlich geopfertes Leben. Im Heiland mußte schon vor der Geburt der Wille vollständig gebrochen sein, so daß er nicht mehr leiden, sondern nur noch mitleiden konnte, und die Wurzel hiervon war notwendig in seiner Geburt zu erkennen, welche nicht vom Willen zum Leben, sondern vom Willen zur Erlösung eingegeben sein mußte. — Als einzige dem christlichen Glauben ganz entsprechende Kunst muß die Musik erscheinen, wie die einzige Musik, welche wir als jeder andern ebenbürtige Kunst kennen, lediglich ein Produkt des Christentums ist. Die Musik offenbart das eigenste Wesen der christlichen Religion mit unvergleichlicher Bestimmtheit; als reine Form eines gänzlichen vom Begriffe losgelösten göttlichen Gehaltes darf sie uns als eine welterlösende Geburt des göttlichen Dogmas von der Nichtigkeit der Erscheinungswelt selbst gelten. — Die Anleitung zur Ausbildung der dem Menschen ermöglichten Erkenntnis, das sich Wiedererkennen in allen Erscheinungen des gleichen Willens, gab ihm das nur ihm in dem hierzu nötigen Grade empfindbare Leiden. Solange wir das Werk des Willens, der wir selbst sind, zu vollziehen haben, sind wir in Wahrheit auf den Geist der Verneinung angewiesen, nämlich der Verneinung des eigenen Willens selbst; sein Wüten drückt nichts anderes als seine Selbstverneinung aus, und hierüber zur Selbstbesinnung zu gelangen, darf endlich nur das dem Leiden entkeimende Mitleiden ermöglichen, welches dann als Aufhebung des Willens die Negation einer Negation ausdrückt, die wir nach den Regeln der Logik als Affirmation verstehen. — Der Erlösung selbst glauben wir in der geweihten Stunde, wenn alle Erscheinungsformen der Welt uns wie in ahnungsvollem Traume zerfließen, vorempfindend bereits teilhaftig zu werden; rein und friedenssehnsüchtig ertönt uns dann nur die Klage der Natur, furchtlos, hoffnungsvoll, welterlösend. — Eine weise Benützung der Schopenhauerschen Philosophie muß aber zu dem Ergebnis der Anerkennung einer moralischen Bedeutung der Welt führen, wie sie, als Krone aller Erkenntnis, aus Schopenhauers Ethik praktisch zu verwerten wäre. Nur die dem Mitleiden entkeimte, und im Mitleiden bis zur vollen Brechung des Eigenwillens sich betätigende Liebe ist die christliche Liebe, in welcher Glaube und Hoffnung ganz von selbst eingeschlossen sind; der Glaube als untrüglich sicheres und durch das göttlichste Vorbild bestätigtes Bewußtsein von jener moralischen Bedeutung der Welt; die Hoffnung als das beseligende Wissen der Unmöglichkeit einer Täuschung dieses Bewußtseins. — Der höchsten Kunst kann aber nicht die Kraft zur Offenbarung erwachsen, wenn sie der Grundlage des religiösen Symbols einer vollkommen sittlichsten Weltordnung entbehrt, durch welches sie dem Volke erst wahrhaft verständlich zu werden vermag; der Lebensübung selbst das Gleichnis des Göttlichen entnehmend, vermag erst das Kunstwerk dieses dem Leben wiederum zu reinster Befriedigung und Erlösung über das Leben hinaus zuzuführen. — Wenn wir das Blut des Heilandes göttlich nennen, so dürfte seinem Quelle ahnungsvoll in der Fähigkeit zum bewußten Leiden zu nahen sein. Diese Fähigkeit müssen wir als die letzte Stufe betrachten, welche die Natur in der aufsteigenden Reihe ihrer Bildungen erreichte; von hier an bringt sie keine neuen höhern Gattungen mehr hervor, denn in dieser des bewußten Leidens fähigen Gattung erreicht sie selbst ihre Freiheit durch Aufhebung des rastlos sich selbst widerstreitenden Willens. Der unerforschliche Urgrund dieses Willens, wie er in Zeit und Raum unmöglich aufzuweisen ist, wird uns nur in jener Aufhebung kund, wo er als Wollen der Erlösung göttlich erscheint. Im Blute des Heilandes müssen wir den Inbegriff des bewußt wollenden Leidens selbst erkennen, das als göttliches Mitleiden durch die ganze menschliche Gattung als Urquell derselben sich ergießt. — Das in jener wundervollen Geburt sich sublimierende Blut spendet sich dem ganzen menschlichen Geschlechte zur edelsten Reinigung von allen Flecken seines Blutes; den niedrigsten Rassen dürfte der Genuß des Blutes Jesu, wie er in dem einzig echten Sakramente der christlichen Religion symbolisch vor sich geht, zu göttlichster Reinigung gedeihen. (W. Ges. Schriften Bd. X S. 211/17, 220, 222, 244/49, 260/63, 280/81.) Wagner ersah dabei den Grund des Verfalles der historischen Menschheit in der Rassenvermischung, und befürwortete die Regeneration des Menschengeschlechts herbeizuführen, wobei ihm wesentlich die Theorie in dem Werke: „Die Ungleichheit der menschlichen Rassen“ des Wagner befreundeten Grafen Gobineau erschien.

Auf jenen Anschauungen schuf Wagner den Parsifal, und begründete besonders den Stil, der in einer Verschmelzung des Stiles Palestrinas mit dem in der Beethovenschrift begründeten Stile für das Musikdrama der Schopenhauerperiode besteht. Das Eingehen im Grale ist die Verneinung des Willens zum Leben; Parsifal wird, durch Mitleid wissend geworden, zum

Erlöser der Menschheit, welches Amt ihm durch die von ihm bewiesene Befähigung zum Mitleiden übertragen wird. Das Gralsreich selbst stellt sich als ein christlicher Orden dar, wo die Wunderkraft des heiligen Grals (das Gefäß mit dem Blute Christi) und der Zeugengüter Wundergut (der heilige Speer) aufbewahrt sind, und wo der Wandel im Dienste des Grals zur Verneinung führt. Die Verneinung in Mitleid, dem welterlösenden Prinzip, für das Gralsreich ist Wagners künstlerische Tat. Nach Schopenhauer ist Mitleiden ein Bestandteil der ersten Stufe zur Verneinung des Lebens, nämlich des Mystizismus als des Bewußtseins der Identität seines eigenen Wesens mit demjenigen aller Dinge, durch welche Erkenntnis der Identität des fremden Leidens mit dem eigenen das Mitleiden ausgeübt wird. In der zweiten Stufe der Verneinung, im Quietismus, gelangt der Mensch zur Entsagung, Resignation und Abwendung des Willens vom Leben, während in der dritten und letzten Stufe, der Askese, der Mensch einen Abscheu vor dem Wesen, dessen Ausdruck seine eigene Erscheinung ist, empfindet, und durch Tat und Wandel der Askese den Willen erbricht und ertötet. Wer bemitleidet, der verabscheut seine eigene Erscheinung und diejenige der andern Wesen nicht, er verneint sich nicht; wer sich dagegen verneint, gibt das Mitleiden auf; sowohl im Christentum als im Buddhismus betrachten die Lehrer der Askese die guten Werke als überflüssig. In der Ertötung des Willens beschäftigt sich der Mensch mit der Selbstpeinigung, weil das Leiden nicht bloß erkannt, sondern empfunden werden muß; letztere kommt auch im Parsifal vor: „Die Brüder dort in grausen Nöten den Leib sich quälen und ertöten; des eigenen sündigen Blutes Gewell' in wahnsinniger Flucht muß mir zurück dann fließen, in die Welt der Sündensucht mit wilder Scheu sich ergießen!" — Die Aufnahme in den Orden, die Erlösung ins Gralsreich durch Mitleiden würde also hier der ersten Stufe der Verneinung, die Selbstpeinigung der letzten Stufe derselben entsprechen; Wagner stellt dagegen im Parsifal das Prinzip auf, daß die Menschheit in der Quelle des Mitleidens bis zur Vernichtung jedes Weltenwahnes schwelgt. — In Dichtung und Szenerie werden Gralsburg, Kuppelsaal, Orden der Gralsritterschaft, die asketischen Brüder, der Posaunenweckruf, der heilige Speer, das Weihgefäß mit dem Blute des Heilandes, der Schrein mit der Purpurdecke, das Speereswunder, Sänfte, Traumgesicht und Ekstase des Amfortas, Wiederbelebung des Titurel im Sarge, Katafalk, Glockengeläute, Fußwaschung, Taufe, Abendmahl, Erglühen der Schale, das Kreuz, Karfreitagsgebet, Enthüllung des Grals usw. an die Symbole der christlichen Religion, in der Hauptsache der katholischen Kirche, gemahnen, und die Art der Vertonung und des Stils in Verbindung mit der Theorie werden wohl kaum einen Zweifel übrig lassen, ob wir es hier mit protestantischer oder katholischer Kirchenmusik zu tun haben werden.

Die erste Aufführung des Parsifal fand im Sommer 1882 zu Bayreuth statt; Nietzsche weilte damals mit seiner ihm durch Paul Rée gewordenen Jüngerin Lou Salomé in Tautenburg, Thüringen. Es wurde der Versuch gemacht, Nietzsche vor dem Meister zu erwähnen; die alte Freundin Malwida von Meysenbug meinte, daß im Falle des Gelingens Nietzsche zu bewegen gewesen wäre, nach Bayreuth zu kommen, und sich mit Wagner zu versöhnen. Indessen, so erzählt Lou Salomé, der Versuch mißlang; Wagner verließ in großer Erregung das Zimmer, und verbot, den Namen jemals wieder vor ihm auszusprechen. (A. 82.) Nietzsche seinerseits schrieb am 30. Januar 1882 an seine Schwester, sie solle nach Bayreuth zur Parsifalaufführung reisen; „ich aber komme gewiß nicht hin, es sei denn, daß Wagner mich persönlich einladet, und als den geehrtesten seiner Festgäste behandelt." (NBr. V.) — Tatsächlich hatte Nietzsche jetzt beinahe alle Metaphysik überwunden, und war bereits Gegner aller Mitleids- und Selbstverleugnungsinstinkte geworden, die Wagner in seinem Mysterium vergöttlicht und verjenseitigt hatte als großartigstes Denkmal der Lebensverneinung (siehe Abschnitt XIII).

## XII. Wagners Tod; Nietzsches Rückblicke auf die Schriftwerke seiner Wagnerperiode.

Am 13. Februar 1883 war Wagner im Palazzo Vendramin infolge eines Schlaganfalles gestorben. Noch vier Tage vor seinem Tode, am 9. Februar 1883, hatte er zu dem Münchener Hofkapellmeister Hermann Levi, welcher ihn in Venedig besuchte, und ihm einen Zeitschriftenartikel über Nietzsches neues Buch „Fröhliche Wissenschaft" vorzeigte, seinen Widerwillen über dieses Werk ausgesprochen, und bezüglich Nietzsche sich dahin geäußert: Alles, was in diesem Buche Wert habe, sei von Schopenhauer entlehnt. Schon die eine Photographie, die Wagners von Nietzsche besessen, hätte genügen müssen, ihn als „Gecken" zu kennzeichnen, als ein rechtes Beispiel für das „Nichtsehen". Nietzsche habe keinen eigenen Gedanken, keinen Tropfen eigenes Blut in sich gehabt, alles habe ihm künstlich eingeflößt werden müssen. (WB. VI S. 764.) —

Über seine Stellung zur Religion hatte sich Wagner in der letzten Lebenszeit gesprächsweise dahin geäußert: Man sollte doch froh sein, von Kindheit an mit den religiösen Traditionen verwachsen zu sein; sie sind durch gar nichts von außen zu ersetzen, sie enthüllen einem nur immer mehr und immer beglückender ihren Sinn. Zu wissen, daß ein Erlöser einst dagewesen ist, bleibt das höchste Gut eines Menschen. Dies alles mit einem Male wegwerfen zu wollen, zeugt von großer Unfreiheit, von einer Sklaverei des Geistes durch unsinnige demagogische Einflüsse, und es ist schließlich nichts wie Renommage! (WB. VI 213.) — Und an anderer Stelle heißt es: An Gott glaube ich nicht, aber an das Göttliche, welches sich im sündenlosen Jesus offenbart. Ich glaube an das Göttliche, das ein einziges, niemals wiederkehrendes Mal in vollster Naivität und reinster Schönheit das Menschliche durchbrochen und uns den Weg zur Erlösung gezeigt hat; dieser Weg aber geht in den Tod, und Jesus hat uns den Weg gezeigt, schön zu sterben, wozu auch ein schönes Leben führt. (WB. VI 255.) — Im Gegensatze zu jenem Ausspruche über den Gottesglauben steht Wagners Ausruf: Die Esel, die nicht an Gott glauben, und der Meinung sind, daß eine Erscheinung, wie die Jesu, und wiederum des schaffenden Genius, nach dem gewöhnlichen natürlichen Prozeß vor sich gehe; die nicht fühlen, daß da ein besonderer Drang waltet, eine erhabene Not, welche doch immer zum Guten führt. Man muß nur nicht an den alten Judengott dabei denken. (WB. VI 123.) — (Demnach wäre also die Existenz eines Gottes bewiesen, vornehmlich durch den Erlöser Jesus und die Genien Arthur Schopenhauer und Richard Wagner!) Wagner soll hinzugefügt haben: Ich muß durchaus einmal meine Theologie schreiben! — Sein Bekenntnis „Kunst und Religion" und die damit verknüpfte Schriftenfolge über Regeneration kann als solche gelten.

Kurz zuvor hatte er sich in Schopenhauerscher Deutung seines Feuerbachschen Nibelungenringes (siehe Abschnitt II) versucht. Ich wüßte keine Dichtung, in welcher die Brechung des Willens, der eine Welt zur Lust sich erschuf, ohne Einwirkung der Gnade, durch die eigene Kraft einer stolzen Natur, dergestalt ist wie in Wotan. Durch die Trennung von Brunhilde schon wie erloschen, bäumt sich dieser Wille noch einmal empor, lodert in der Begegnung mit Siegfried, flackert in Waltrautes Erzählung auf, bis wir ihn am Schlusse mit Walhalls Untergang ganz erlöschen sehen! Ich bin überzeugt, Schopenhauer würde sich geärgert haben, daß ich dies gefunden, bevor ich seine Philosophie gekannt. (WB. VI 63.) — Schopenhauer hatte dagegen ob der ihm von Wagner seinerzeit zugesandten Ringdichtung den Kopf geschüttelt; sie war ihm eben nicht schopenhauerisch.

Angesichts des Todes erinnern wir uns, wie Glasenapp bezüglich Wagners hinterlassener Familie sagt: Nie hätte die Welt ein Bayreuth erblickt, nie wäre der Ring des Nibelungen vollendet, nie der Parsifal gedichtet worden, wäre nicht bei der großen Entscheidung von Wagners Leben die alles besiegende hochherzige Liebesmacht in Gestalt jener einzigen hochgesinnten, in jeder Stunde seines Daseins dankbar von ihm vergötterten edlen Frau in dieses sonst leere und öde Dasein getreten, um dem Heimatlosen durch ihre Hingabe Haus, Heim und alles zu bereiten, deren er als Künstler bedurfte. Ihre Liebe zu ihm hatte recht eigentlich den Grundstein des Festspielhauses gelegt, sie hatte das Haus Wahnfried mit allem darin Lebenden errichtet. Sie hatte ihm die drei Kinder Isolde, Eva und Siegfried geboren, in denen sein eigenes Blut, dem ihren vermählt, als edelste Auslese des Menschlichen, in froher Verjüngung weiter pulsierte, und deren adelig echte Art ihm, neben der Beseligung durch sein Schaffen, ein täglich sich erneuernder Quell der Lebensfreude wurde. (WB. VI 8.) (Vergl. Vorrede und Epilog.) — (Die ältere der beiden Töchter, Isolde, noch zu Lebzeiten von Wagners erster Frau Minna, die 1866 verstorben ist, 1865 geboren, wurde erst später in weiteren Kreisen als Tochter Wagners genannt.) — Nietzsche war, zur Zeit von Wagners Tod, nachdem er sich ganz von Paul Rée losgesagt, in seine Umwertungsperiode eingetreten, und hatte den ersten Teil des Zarathustra vollendet; Zarathustra war der Übernietzsche, der Nietzscheübermensch. Nietzsche sprach darin den Kardinalsatz aus: Tot sind alle Götter, nun wollen wir, daß der Übermensch lebe! „Die Schlußpartie des ersten Teils wurde genau in der heiligen Stunde fertiggemacht, als Richard Wagner starb!“ hatte Nietzsche aufgezeichnet. — Er schrieb an Gast unterm 19. Februar 1883: „Ich glaube sogar, daß der Tod Wagners die wesentlichste Erleichterung war, die mir jetzt geschaffen werden konnte. Es war hart, Gegner dessen sein zu müssen, den man am meisten verehrt hat; zuletzt war es der altgewordene Wagner, gegen den ich mich wehren mußte. Was den eigentlichen Wagner betrifft, so will ich schon noch zum guten Teil sein Erbe werden. Im letzten Sommer empfand ich, daß er mir alle die Menschen hinweggenommen hatte, auf welche in Deutschland zu wirken überhaupt Sinn haben konnte, und sie in die verworrene wüste

Feindseligkeit seines Alters hineinzuziehen begann." (NBrA. S. 255.) Und unterm 27. April 1883: Zuletzt kam der Tod Wagners; was riß damit alles in mir auf! Es ist meine schwerste Probe gewesen in bezug auf Gerechtigkeit gegen Menschen, dieser ganze Verkehr und Nichtmehrverkehr mit Wagner. Was kann melancholischer sein als Indolenz, wenn ich an jene Zeiten denke, wo der letzte Teil des Siegfried entstand; damals liebten wir uns, und hofften alles füreinander; es war wirklich eine tiefe Liebe ohne Nebengedanken! — Noch unterm 17. Septbr. 1888 schrieb Nietzsche an seine Schwester: Wagner ist und bleibt ein kapitales Faktum in der Geschichte des europäischen Geistes und der modernen Seele, wie Heinrich Heine ein solches Faktum war; Wagner und Heine sind unsere letzten Großen, mit denen Deutschland Europa beschenkt hat. (NBr. V.) Wagner würde diese Nachbarschaft wenig gefreut haben, denn etwa zwei Jahre vor seinem Tode schrieb er in einer Abhandlung „über das Dichten und Komponieren" von Heine, daß seine Bänkelsängerverse immer noch einiges Vergnügen bereiten. — Auf den ersten Teil des Zarathustra erschienen in rascher Folge die übrigen Teile. Im vierten Teile kommt Wagner als Zauberer, Schauspieler und Büßer des Geistes zu Zarathustra; er spricht: Ich bin nicht groß; was verstelle ich mich; aber ich suchte nach Größe! — Neben seiner Klage, die wir in veränderter Gestalt als „Klage der Ariadne" (Dionysosdithyramben) behandelten, hat er das Lied der Schwermut: „Daß ich verbannt sei von aller Wahrheit; nur Narr, nur Dichter!" zu singen. Er leidet an großem Ekel, wie alle, denen Gott starb und noch kein neuer Gott in Wiegen und Windeln lag; aber er nimmt am Abendmahle Zarathustras, am Eselsfeste und am Rundgesange: „Die Welt ist tief, und tiefer als der Tag gedacht, tief ist ihr Weh, Lust tiefer noch als Herzeleid, doch alle Lust will tiefe Ewigkeit!" teil; und wie der große Mittag bevorsteht und Zarathustra erklärt: Das Mitleiden mit den Menschen, das hatte seine Zeit! und sein Antlitz sich in Erz verwandelt, naht auch für den Zauberer, wie für alle höhern Menschen, der Zeitpunkt der Genesung. —

Bald begann Nietzsche die Werke der ersten und zweiten Periode mit neuen Vorreden zu versehen, überhaupt über diese bis zum Jahre 1888 Aufzeichnungen zu machen, also auch zur „Geburt der Tragödie“ und zu „Wagner in Bayreuth“. In der Vorrede zu ersterem Werke von 1886 sagt er: „Was ich damals zu fassen bekam, etwas Furchtbares und Gefährliches, jedenfalls ein neues Problem; heute würde ich sagen, daß es jedenfalls das Problem der Wissenschaft selbst war, Wissenschaft zum ersten Male als problematisch, als fragwürdig gefaßt. Aber es gibt etwas viel Schlimmeres an dem Buche, das ich jetzt noch mehr bedaure, als mit Schopenhauerschen Formeln dionysische Ahnungen verdunkelt und verdorben zu haben, daß ich mir nämlich überhaupt das grandiose Problem, wie es mir aufgegangen war, durch Einmischung der modernsten Dinge verdarb. Aber in Hinsicht auf den Erfolg, den es hatte, war es ein bewiesenes Buch, ein solches, das jedenfalls den Besten seiner Zeit genug getan hat. Gegen die Moral kehrte sich damals in diesem fragwürdigen Buche mein Instinkt als ein fürsprechender Instinkt des Lebens und erfand sich eine grundsätzliche Gegenlehre und Gegenwertung des Lebens, eine rein artistische und antichristliche! (NTA. Bd. I.) In den Vorstufen zur Vorrede von 1886 (NW. Bd. XIV) heißt es: Ein Buch aus lauter Erlebnissen über ästhetische Lust- und Unlustzustände aufgebaut, mit einer Artistenmetaphysik im Hintergrunde. Die tragische Kunst wird als Versöhnung des Apoll und Dionys bezeichnet; die Erscheinung wird mit Lust verneint; dies gegen Schopenhauers Lehre von der Resignation als tragischer Weltbetrachtung gekehrt. — Die Übertragung der Musik ins Metaphysische war ein Akt der Verehrung und Dankbarkeit; nun kam die Kehrseite, die unleugbar schädliche Wirkung dieser Musik auf mich. — Das Wesen der Romantik ging mir auf, zugleich die Schauspielerei der Mittel, die abgründliche Falschheit dieser modernsten Kunst, welche wesentlich Theaterkunst sein möchte. (NW. Bd. XIV S. 363/68.) In den Vorstufen zu einer Charakteristik aus dem Herbst 1888 heißt es: Die „Geburt der

Tragödie“ glaubt an die Kunst auf dem Hintergrund eines andern Glaubens: daß es nicht möglich ist, mit der Wahrheit zu leben, daß der Wille zur Wahrheit bereits ein Symptom der Entartung ist. Das Wesentliche an dieser Konzeption ist der Begriff der Kunst im Verhältnis zum Leben, sie wird psychologisch und physiologisch als das große Stimulans aufgefaßt, als das, was ewig zum Leben drängt; insgleichen die Konzeption des Pessimismus, der Stärke eines klassischen Pessimismus; der Gegensatz ist der romantische, in dem sich die Ermüdung, die Rassendekadenze in Begriffen und Wirkungen formuliert. (NW. Bd. XIV S. 378/41.) In NTA. Bd. 10 S. 98/101 sagt Nietzsche: Metaphysik, Moral, Religion, Wissenschaft werden in diesem Buche nur als verschiedene Formen der Lüge in Betracht gezogen, mit ihrer Hilfe wird ans Leben geglaubt! Kunst als Ermöglicherin des Lebens, als einzig überlegene Gegenkraft gegen allen Willen zur Verneinung des Lebens, als Erlösung des Erkennenden, des Handelnden, des Leidenden. — In dem Vorredenmaterial zu den „Unzeitgemäßen Betrachtungen“, NW. Bd. XIV S. 373 ff. heißt es: In meiner Jugend hatte ich Unglück, es lief mir ein sehr zweideutiger Mensch über den Weg. Als ich ihn als das erkannte, was er ist, nämlich ein großer Schauspieler, war ich so angeekelt und krank, daß ich glaubte, alle berühmten Menschen seien Schauspieler gewesen, sonst wären sie nicht berühmt geworden. Alles, was ich über Richard Wagner gesagt hatte, ist falsch; ich empfand es 1876, es ist an ihm alles unecht, er ist ein Schauspieler in jedem schlimmen und guten Sinne des Wortes. Fast alle Romantiker dieser Art enden unter dem Kreuze; ich liebte nur den Wagner, den ich kannte, einen rechtschaffenen Atheisten und Immoralisten, der die Figur Siegfrieds, eines sehr freien Menschen, erfunden hat. Seither hat er noch aus dem bescheidenen Winkel der „Bayreuther Blätter“ heraus genugsam zu verstehen gegeben, wie hoch er das Blut des Erlösers zu schätzen weiß; viele reine und unreine Toren aller Art glauben seither erst an Richard Wagner als ihren Erlöser. Wie fremd klingt es mir heute noch in den

Ohren, wenn ein Greis seine Erfahrung in die Worte drängt: Der Rest des Lebens ist gleichgültig, wir lassen es gehen wie es will, und endigen als Quietisten wie die indischen Philosophen auch! So spricht Goethe; sollte er recht haben; wie wenig Vernunft hätte es dann, so alt, so vernünftig wie Goethe zu werden, und es wäre billig, den Griechen ihr Urteil über das Alter abzulernen; sie haßten das Altwerden mehr als den Tod, und liebten es, zu sterben, wenn sie fühlten, daß sie anfingen auf jene Art vernünftig zu werden. — In den Aphorismen zum „Willen zur Macht" NTA. Bd. X S. 190 heißt es: Gegen 1876 hatte ich den Schrecken, mein ganzes bisheriges Wollen kompromittiert zu sehen, als ich begriff, wohin es mit Wagner hinauswollte. Um diese Zeit begriff ich, daß mein Instinkt auf das Gegenteil hinauswollte, als der Schopenhauers, auf eine Rechtfertigung des Lebens selbst in seinem Furchtbarsten, Zweideutigsten, Lügenhaftesten! Dafür hatte ich die Formel dionysisch in den Händen! Schopenhauer verstand es nicht, den Willen zu vergöttlichen, er blieb im moralisch-christlichen Ideal hängen. — In „Ecce homo" schreibt Nietzsche über „Geburt der Tragödie" und „Wagner in Bayreuth" folgendes: Die „Geburt der Tragödie" war im Leben Wagners ein Ereignis; noch heute erinnert man sich daran, wie ich es eigentlich auf dem Gewissen habe, daß eine so hohe Meinung über den Kulturwert dieser Bewegung obenauf gekommen sei. Man hat nur Ohren für eine neue Formel der Kunst, der Aufgabe Wagners gehabt. „Griechentum und Pessimismus", das wäre ein unzweideutigerer Titel gewesen als erste Belehrung darüber, womit die Griechen den Pessimismus überwanden. Die zwei entscheidenden Neuerungen des Buches sind einmal das Verständnis des dionysischen Phänomens bei den Griechen; das andere ist das Verständnis des Sokratismus, Sokrates als Werkzeug der griechischen Auflösung zum ersten Male erkannt; tiefes, feindseliges Schweigen gegen das Christentum im ganzen Buche; es ist weder apollinisch noch dionysisch, es negiert alle ästhetischen Werte. Aus dieser Schrift redet eine ungeheure Hoffnung; zuletzt fehlt mir jeder Grund, die Hoffnung auf eine dionysische Zukunft der Musik zurückzunehmen. Jene neue Partei des Lebens, welche die größte aller Aufgaben, die Höherzüchtung der Menschheit in die Hände nimmt, wird jenes Zuviel von Leben auf Erden wieder möglich machen, aus dem der dionysische Zustand wieder erwachen muß. Die höchste Kunst im Jasagen zum Leben, die Tragödie wird wieder geboren werden, wenn die Menschheit das Bewußtsein der härtesten aber notwendigsten Kriege hinter sich hat, ohne daran zu leiden. Ein Psychologe dürfte noch hinzufügen, daß, was ich in jungen Jahren bei Wagnerischer Musik gehört habe, nichts überhaupt mit Wagner zu tun hat, daß ich instinktiv alles in den Geist übersetzen und transfigurieren mußte, den ich in mir trug. Der Beweis dafür ist meine Schrift „Wagner in Bayreuth". Das ganze Bild des dithyrambischen Künstlers ist das Bild des präexistenten Dichters des Zarathustra mit abgründlicher Tiefe hingezeichnet, und ohne einen Augenblick die Wagnerische Realität auch nur zu berühren. Insgleichen hatte der Gedanke von Bayreuth sich in etwas verwandelt, das den Kennern meines Zarathustra kein Rätselbegriff mehr sein wird, in jenen großen Mittag, wo sich die Auserwählten zur größten aller Aufgaben weihen; Wagner, Bayreuth, die ganze kleine deutsche Erbärmlichkeit ist eine Wolke, in der eine unendliche Fata Morgana der Zukunft sich spiegelt; selbst psychologisch sind alle entscheidenden Züge meiner eigenen Natur in die Wagners eingetragen. Mit tiefer Instinktsicherheit wird bereits hier das Elementarische in der Natur Wagners als eine Schauspielerbegabung bezeichnet, die in ihren Mitteln und Absichten nur ihre Folgerung zieht. Im Grunde wollte ich damit, eingerechnet „Schopenhauer als Erzieher", etwas ganz anderes als Psychologie treiben; ein Problem der Erziehung ohnegleichen, ein neuer Begriff der Selbstzucht, Selbstverteidigung bis zur Härte, ein Weg zur Größe und zu welthistorischen Aufgaben verlangte nach seinem ersten Ausdruck. Jetzt, wo ich aus einiger Ferne auf jene Zustände zurückblicke, deren Zeugnis diese Schriften sind, möchte ich nicht verleugnen, daß sie im Grunde bloß von mir reden; die Schrift „Wagner in Bayreuth" ist eine Vision meiner Zukunft, dagegen ist in „Schopenhauer als Erzieher" meine innerste Geschichte, mein Werden eingeschrieben!" (E. 63/64, 67/69, 73/74.) — An anderer Stelle in „Ecce homo" gedenkt er Wagners folgendermaßen: Ich denke, ich kenne besser als irgend jemand das Ungeheure, das Wagner vermag, die fünfzig Welten fremder Entzückungen, zu denen niemand außer ihm Flügel hatte; und so wie ich bin, stark genug, um mir auch das Fragwürdigste und Gefährlichste noch zum Vorteil zu wenden, und damit stärker zu werden, nenne ich Wagner den größten Wohltäter meines Lebens. Das, worin wir einander verwandt sind, daß wir tiefer gelitten haben, auch aneinander, als Menschen dieses Jahrhunderts zu leiden vermöchten, wird unsere Namen ewig wieder zusammenbringen, und so gewiß Wagner unter Deutschen bloß ein Mißverständnis ist, so gewiß bin ich's, und werde es immer sein! (E. 43.) — Ein anderer, der seinen Namen auch ewig mit Wagner zusammenbringen wollte, war König Ludwig II.; er schrieb zur Zeit der ersten Tristanaufführung in München an Wagner: Wenn wir beide längst nicht mehr sind, wird unser Werk der Nachwelt als ein leuchtendes Vorbild dienen; es wird Jahrhunderte entzücken, und die Herzen werden glühen vor Begeisterung für die Kunst, die von Gott stammt und ewig ist! —

Auf Zarathustra folgten die Werke fünftes Buch der „Fröhlichen Wissenschaft", „Jenseits von Gut und Böse" und „Genealogie der Moral"; in diesen beiden letztern beschäftigte sich Nietzsche mit Parsifal, und mit dem Gegensatze zu Wagners Regeneration, mit der Herrenmoral.

# Dritter Teil.

## Nietzsches Feindschaft gegen Wagner.

### XIII. Nietzsches Parsifal-Verdikt und Herrenmoral.

Als Wagners „Religion und Kunst" erschienen war, schrieb Nietzsche an Malwida von Meysenbug: Was Qual und Entsagung betrifft, so darf ich das Leben meiner letzten Jahre mit dem jedes Asketen einer Zeit messen; trotzdem habe ich diesen Jahren viel zur Läuterung und Glättung der Seele abgewonnen, und brauche weder Religion noch Kunst mehr dazu! — Ich wußte es längst, daß Wagner von dem Augenblicke an, wo er die Kluft unserer Beziehungen merken würde, auch nicht mehr zu mir halten werde. Man hat mir erzählt, daß er gegen mich schreibe; möge er damit fortfahren, es muß die Wahrheit auf jede Art ans Licht kommen. Ich denke in einer dauernden Dankbarkeit an ihn, denn ich verdanke ihm einige der kräftigsten Anregungen zur geistigen Selbständigkeit. Frau Wagner, Sie wissen es, ist die sympathischste Frau, der ich im Leben begegnet bin. (NBrA. 224/25.) — Als Nietzsche von Wagner die Parsifaldichtung empfangen hatte, schrieb er an Freiherr von Seydlitz: „Gestern kam, von Wagner gesandt, der Parsifal in mein Haus. Eindruck des ersten Lesens: Mehr Liszt als Wagner, Geist der Gegenreformation! Mir, der ich zu sehr an das Griechische, Menschlich-Allgemeine gewöhnt bin, ist alles zu christlich zeitlich beschränkt; lauter phantastische Psychologie, kein Fleisch, und viel zu viel Blut, namentlich beim Abendmahl geht es mir zu vollblütig her; dann mag ich hysterische Frauenzimmer nicht. Vieles, was für das innere Auge erträglich ist, wird bei der Aufführung kaum auszuhalten sein. Denken Sie sich unsere Schauspieler betend, zitternd und mit verzückten Hälsen. Auch das Innere der Gralsburg kann auf der Bühne nicht wirkungsvoll sein, ebensowenig der verwundete Schwan. Alle diese schönen Erfindungen gehören ins Epos, und, wie gesagt, fürs innere Auge. Die Sprache klingt wie eine Übersetzung aus einer fremden Zunge. Aber die Situationen und ihre Aufeinanderfolge, ist das nicht von der höchsten Poesie, ist es nicht eine letzte Herausforderung der Musik! (NBrA. 208.) — Als Nietzsche in spätern Jahren in Monte Carlo das Parsifalvorspiel hörte, schrieb er an Peter Gast: Abgesehen übrigens von allen unzugehörigen Fragen, wozu solche Musik dienen kann oder soll, sondern rein ästhetisch gefragt: hat Wagner je etwas besser gemacht? Die allerhöchste psychologische Bewußtheit und Bestimmtheit in bezug auf das, was hier gesagt, ausgedrückt, mitgeteilt werden soll, die kürzeste und direkteste Form dafür, jede Nüance des Gefühls bis aufs Epigrammatische gebracht; eine Deutlichkeit der Musik als deskriptiver Kunst, bei der man an einen Schild mit erhabener Arbeit denkt, und zuletzt ein sublimes außerordentliches Gefühl, Erlebnis, Ereignis der Seele im Grunde der Musik, das Wagner die höchste Ehre macht; eine Synthesis von Zuständen, die vielen Menschen als unvereinbar gelten werden, von richtender Strenge, von Höhe in erschreckendem Sinne des Wortes, von einem Mitwissen und Zurückschauen, das eine Seele wie mit Messern durchschneidet, und von Mitleiden mit dem, was da geschaut und gerichtet wird; dergleichen gibt es bei Dante, sonst nicht; ob je ein Maler einen so schwermütigen Blick der Liebe gemalt hat, als Wagner in den letzten Akzenten seines Vorspiels?! (NBrA. 287/88.) Wagner selbst hat über das Schlußthema des Vorspiels die Aufzeichnung gemacht: Da noch einmal aus Schauern der Einsamkeit erbebt die Klage des liebenden Mitleides; das Bangen, der heilige Angstschweiß des

Ölberges, das göttliche Schmerzensleiden des Golgatha; der Leib erbleicht, das Blut entfließt und glüht nun mit himmlischer Segensglut im Kelche auf, über alles was lebt und leidet die Gnadenwonne der Erlösung durch die Liebe ausgießend. (Wagner, Entwürfe, Gedanken, Fragmente S. 107.) Anderseits berichtete Nietzsche an Malwida von Meysenbug: Die Vorstellung, daß Wagner einmal geglaubt haben kann, ich teilte seine Meinungen, macht mich jetzt erröten. Nachdem zu urteilen, was ich bisher von Wagnerianern kennen gelernt habe, scheint mir die heutige Wagnerei unbewußte Annäherung an Rom, welche von innen dasselbe tut, was Bismarck von außen tut. (NBr. III 2.) Nietzsche, der späterhin seinen Antichrist geschrieben hatte, war Gegner des Christentums geworden; auch Wagner ging in seiner Feuerbachperiode davon aus, daß das Christentum der Uranschauung alles germanischen Wesens zuwider sei; aber er sah sich bei den hieraus gezogenen Konsequenzen vereinsamt und erblickte in Schopenhauers Verneinung des Lebens sein Quietiv. Nietzsche dagegen führte aus: Das Christentum hat ein Ideal aus dem Widerspruch gegen die Erhaltungsinstinkte des starken Lebens gemacht; die Werte, in denen die Menschheit ihre oberste Wünschbarkeit zusammenfaßt, sind Dekadencewerte. Gott ist die Formel für jede Verleumdung des Diesseits, für jede Lüge vom Jenseits geworden. Christlich ist der Haß gegen Geist, Stolz, Mut, Freiheit, gegen die Sinne. Das Christentum hat jedem Ehrfurchts- und Distanzgefühl zwischen Mensch und Mensch, der Voraussetzung zu jeder Erhöhung, zu jedem Wachstum der Kultur einen Todkrieg aus den heimlichsten Winkeln schlechter Instinkte gemacht; es hat aus dem Ressentiment dermaßen sich seine Hauptwaffe geschmiedet gegen alles Vornehme auf Erden; die Unsterblichkeit jedem Petrus und Paulus zugestanden, war bisher das größte und bösartigste Attentat auf die vornehme Menschlichkeit. Einzig die Renaissance war die Umwertung der christlichen Werte, der Versuch mit allen Mitteln und Instinkten die Gegenwerte, die vornehmen Werte zum Siege zu bringen. Das Christentum stellt die Gegenbewegung gegen jede Moral der Züchtung, der Rasse, des Privilegiums dar, es ist die Umwertung aller arischen Werte. (NW. Bd. VIII S. 220, 235, 239, 272/73, 316.) In „Ecce homo" sagt Nietzsche: Im Christentum hat die Widernatur selbst als Moral die höchsten Ehren empfangen und ist als kategorischer Imperativ über der Menschheit hängen geblieben. Die Entselbstungsmoral ist die Niedergangsmoral par excellence, sie verrät einen Willen zum Ende, sie verneint im untersten Grunde das Leben. Der Begriff Gott erfunden als Gegensatzbegriff zum Leben; der Begriff Jenseits erfunden, um die einzige Welt zu entwerten, die es gibt; das Gesetz der Selektion gekreuzt, ein Ideal aus dem Widerspruch gegen den stolzen, jasagenden, zukunftverbürgenden Menschen gemacht. (E. 122/126.) Nietzsche spielt hier auf das Mitleiden an, von dem er sagt: Unter Umständen kann mit dem Mitleiden eine Gesamteinbuße an Leben und Lebensenergie erreicht werden; das Mitleiden kreuzt im ganzen Großen das Gesetz der Entwicklung, welches das Gesetz der Selektion ist, es erhält, was zum Untergange reif ist. Der Instinkt des Mitleidens ist ebenso als Multiplikator des Elends wie als Konservator alles Elenden ein Hauptwerkzeug zur Steigerung der Dekadenze. (NTA. Bd. 10 S. 363/64.)

„Weh, daß auch du am Kreuze niedersankst, auch du, auch du ein Überwundener!" ruft Nietzsche Wagner zu. Die Tatsache bleibt bestehen, daß die französische Spätromantik der vierziger Jahre und Wagner aufs engste und innigste zueinander gehören. Die Gestalt des Siegfried, jenes sehr freien Menschen, mag eine Sünde wider die Romantik gewesen sein, dieser antiromantische Siegfried; nun, Wagner hat diese Sünde reichlich quitt gemacht in seinen alten trüben Tagen, als er mit der ihm eigenen religiösen Vehemenz den Weg nach Rom, wenn nicht zu gehen, so doch zu predigen anfing. Das Sichselbstentfleischen, Nonnenäugeln, Aveglockenbimmeln ist Rom, Roms Glaube ohne Worte! — So spricht Nietzsche im „Jenseits von Gut und Böse." (NW. Bd. VII 229/32.) In der nachfolgenden „Genealogie der Moral", dritte Abhandlung: Was bedeuten asketische Ideale? drückt er sich schärfer aus: Wagner hat erst zu allerletzt im asketischen Sinne der Keuschheit eine Huldigung dargebracht; Wagner sprang damit geradeswegs in seinen Gegensatz um. Es versteht sich nur zu gut, daß wenn einmal die verunglückten Tiere der Circe dazu gebracht werden, die Keuschheit anzubeten, sie in ihr nur ihren Gegensatz sehen und anbeten werden, jenen peinlichen und überflüßigen Gegensatz, den Richard Wagner unbestreitbar am Ende seines Lebens noch hat in Musik setzen und auf die Bühne stellen wollen. Man könnte versucht sein zu vermuten, daß der Parsifal heiter gemeint sei, gleichsam als Schlußstück und Satyrdrama, mit dem der Tragiker Wagner habe Abschied nehmen wollen von der Tragödie, mit einem Exzeß höchster und mutwilliger Parodie auf das Tragische selbst, auf die endlich überwundene gröbste Form in der Widernatur des asketischen Ideals. So wäre es eines großen Tragikers würdig gewesen, als welcher, wie jeder Künstler, erst dann auf den letzten Gipfel seiner Größe kommt, wenn er sich und seine Kunst unter sich zu sehen weiß, wenn er über sich zu lachen weiß! Denn was würde der ernstgemeinte Parsifal sein? Ein Fluch auf Sinne und Geist in einem Atem, eine Apostasie und Umkehr zu christlich krankhaften und obscurantistischen Idealen, und zuletzt ein sich selbst Verneinen von Seiten eines Künstlers, der bis dahin mit aller Macht seines Willens auf höchste Vergeistigung und Versinnlichung seiner Kunst ausgewesen war, und nicht nur seiner Kunst, auch seines Lebens! hat er schließlich darüber umgelernt? In der trüben, ebenso unfreien als rastlosen Schriftstellerei seiner letzten Jahre gibt es hundert Stellen, in denen sich ein heimlicher Wunsch und Wille verrät, ganz Umkehr, Verneinung, Christentum zu predigen; sogar das Blut des Erlösers wird einmal angerufen. Ohne den Rückhalt, den ihm die Schopenhauersche Philosophie bot, ohne die zum Übergewicht gelangende Autorität Schopenhauers hätte Wagner nicht den Mut zu einem asketischen Ideal gehabt. Die merkwürdige und selbst faszinierende Stellung Schopenhauers zur Kunst ist es ersichtlich gewesen, um deren Willen zunächst Wagner zu

Schopenhauer übertrat. Er begriff, daß mit der Schopenhauerschen Theorie mehr zu machen sei, natürlich mit der Souveränität der Musik, so wie sie Schopenhauer begriff, die Musik, die Sprache des Willens selbstredend als dessen eigenste Offenbarung. Mit dieser außerordentlichen Wertsteigerung der Musik stieg mit einem Male auch der Musiker unerhört im Preise, er wurde nunmehr Orakel, Priester, eine Art Mundstück des an sich der Dinge; er redete fürderhin nicht nur Musik, er redete Metaphysik; was Wunder, daß er endlich eines Tages asketische Ideale redete. (NW. Bd. VIII S. 400/407.) — In seiner Schrift „Nietzsche kontra Wagner" hatte Nietzsche später im Abschnitte: „Wagner als Apostel der Keuschheit" die Ausführungen in der „Genealogie der Moral" nochmals zusammengefaßt. — In seinen Vorstufen zum „Fall Wagner" spricht Nietzsche davon, daß Wagner von den Entzückungen sprach, die er dem protestantischen Abendmahl abzugewinnen wisse, während er zu gleicher Zeit mit seiner Parsifalmusik allem eigentlich Römischen die Hände entgegenstreckte; er war damit nicht nur dem romanischen, sondern dem römisch-katholischen Geschmacke entgegengekommen, bis er zuletzt noch vor dem Kreuze und dem Blute des Erlösers Abschied genommen hatte, auch von sich selber; denn es gehört bei alt gewordenen Romantikern zur leidigen Regel, daß sie am Schlusse ihres Lebens sich selber verleugnen und verkennen und ihr Leben durchstreichen. Die ganze romantische Kunst könnte von einem überreichen und willensmächtigen Künstler ganz ins Antiromantische, Dionysische umgebogen werden. Ich erkannte mit einem Blick, daß Wagner zwar mit Bayreuth sein Ziel erreicht, aber nur so wie Napoleon sein Moskau erreicht hatte; an jeder Etappe war so viel verloren, daß gerade im Augenblicke des Sieges das Schicksal schon entschieden war. — Eine gewisse Katholizität des Ideals vor allem ist bei einem Künstler beinahe der Beweis von Selbstverachtung. Die Stellung zum Christentum entschied mich zugleich über allen Schopenhauerianismus und Pessimismus. (NW. Bd. XIV S. 157/58, 162/63, 166, 168/69.)

Und in der Nachschrift zum „Fall Wagner“ sagt Nietzsche: Alles, was je auf dem Boden des verarmten Lebens aufgewachsen ist, die ganze Falschmünzerei der Transzendenz und des Jenseits hat in Wagners Kunst ihren sublimsten Fürsprecher in einer Überredung der Sinnlichkeit, die ihrerseits wieder den Geist mürbe und müde macht. Sein letztes Werk ist hierin sein größtes Meisterwerk; der Parsifal wird in der Verführung der Kunst ewig seinen Rang behalten als der Geniestreich der Verführung. Das Raffinement im Bündnis von Schönheit und Krankheit geht hier so weit, daß es über Wagners frühere Kunst gleichsam Schatten legt, sie erscheint zu gesund. Die Gesundheit als Schatten wirkend, als Einwand beinahe, soweit sind wir schon reine Toren. Klingsor redete jeder Feigheit der modernen Seele mit Zaubermädchentönen zu Willen, es gab nie einen solchen Todhaß auf die Erkenntnis! — Daß die Fürstin Wittgenstein nicht mit Parsifal einverstanden war, geht aus einer Briefstelle an Adelheid von Schorn hervor: Ich zweifle nicht, daß Wagners Genie die religiöse Stimmung in der Musik des Parsifal mit einer noch nie dagewesenen Intensität wiederzugeben gewußt hat. Ob aber die gläubigen Christen es gutheißen werden, solch hohe Kunst zur Parodie ihrer heiligsten Sakramente angewandt zu sehen, ist noch eine Frage. Kundry, diese Karikatur der heiligen Magdalena; dieser Unsinn im ganzen Buch, das die mittelalterliche Dichtung auf solchen absurden Boden stellt. Es wäre aber zu lang, auseinanderzusetzen, wie dem Heiligsten unseres christlichen Glaubens hier ins Gesicht geschlagen wird. (NB. II 860.)

Raoul Richter meint, daß Nietzsche später auch wie Wagner Regeneration auf physiologischem Wege geschaffen habe, aber seine Regeneration habe mit dem religionsphilosophischen Gebiete nichts zu tun, und verurteilt die mitleidfreundliche Moral wie das Christentum; an Stelle der Sklavenmoral setzt Nietzsche die Herrenmoral, an Stelle des christlichen Ideals das aristokratische Ideal der Vornehmheit. Er gelangte zur Züchtung des Übermenschen und einer Rasse höherer Menschen. Wagner und Schopenhauer behaupten beide, daß die Menschheit die Erreichung der letzten Entwicklungsstufe ist, weil auf ihr bereits die Möglichkeit der Verneinung des Willens zum Leben eingetreten ist, und weil, wie Schopenhauer auseinandersetzt, eine Weiterentwicklung insofern zwecklos wäre, weil das innere Wesen der Welt jetzt keiner höhern Objektivation zur Möglichkeit seiner Erlösung daraus bedarf. (S. V 158.) Wagner behauptet sogar in einem Fragment über das „Ewigweibliche im Menschen", daß die Ausscheidung des Menschen aus dem tierischen Gattungsgesetze erfolgt sei, weil die Brunst im Menschen dergestalt als leidenschaftliche Zuneigung auf das Individuum sich wandte, daß die Mutter durch die auf ihre Individualität gerichtete ideale Liebe des Mannes verklärt wurde, und die Leidenschaft des Mannes der gefesselten Mutterliebe gegenüber zur Treue wird, Liebestreue, Ehe; hier liegt die Macht des Menschen über die Natur, und wir nennen sie göttlich (W. Entwürfe S. 127.) Die Vornehmheit, sagt Simmel, ist der Punkt, in dem das Ideal, das Nietzsche lehrt, und die Wirklichkeit seiner Natur sich getroffen haben. Das Leben ist sozusagen das empirische, das historische Phänomen schlechthin und das Ideal der Vornehmheit ist die feinste Sublimierung, zu der es der Lebensprozeß in seiner Form als Entwicklung, Auslese, Züchtung bringen kann. (Si. S. 259/61.) Das Vornehmheitsideal beruht auf Stolz, Willen zur Macht, Zucht der hohen Geistigkeit, Vergeistigung, Ablehnung aller christlichen Moral und Romantik, Pflege der Herrenmoral und Vorliebe für Renaissance; als höchstes Ziel: Schaffung des Übermenschen, und einer Rasse höherer Menschen, die sich dionysisch zum Leben stellt. — Wenn aber Michael Georg Conrad den Parsifal als einen Übermenschen darstellen will mit einer Fülle von naiver Schönheit, Tugend und Weisheit, so hat dagegen offenbar Wagner seinen Parsifal nach einer Aufzeichnung in seinen Fragmenten geschaffen: Die Nichtigkeit der Welt kann dem leidenden Schwachen nur die Selbstaufopferung des Starken zum Bewußtsein bringen, daher durch ihn auf Weltentsagung geleitet (W. Entwürfe S. 121.); der Bauernbursche Parsifal, der als Erlöser der Welt das Beispiel der Verneinung des Lebens im Mitleiden geben muß, wäre der allergrößte Gegensatz zu Nietzsches Herrenmoral und Vornehmheitsideal. — In der engern Sphäre der moralischen Werte ist kein größerer Gegensatz aufzufinden, als der einer Herrenmoral und der Moral der christlichen Wertbegriffe; letztere auf einem durch und durch morbiden Boden gewachsen, erstere umgekehrt als die Zeichensprache des aufsteigenden Lebens, des Willens zur Macht als Prinzip des Lebens. Die Herrenmoral bejaht ebenso instinktiv, wie die christliche verneint; die erstere verklärt, vernünftigt die Welt, die letztere verneint die Welt. Wagner hatte nach der Herrenmoral (isländischen Sage) hingeschielt und dabei die Gegenlehre von der Erlösung im Munde geführt. Die vornehme Moral hat ihre Wurzeln in einem triumphierenden Jasagen zu sich, sie ist Selbstbejahung, Selbstverherrlichung des Lebens; die ganze große Kunst gehört hierher. Der moderne Mensch stellt biologisch einen Widerspruch der Werte dar, er sagt in e i n e m Atem ja und nein! — so spricht Nietzsche in seinem Epiloge zum „Fall Wagner". (NW. Bd. VIII S. 48/50.)

Hierher gehört aber die Rätselfrage über den Dionysos-Dithyramb „K l a g e d e r A r i a d n e", die im Ariadne-Abschnitte bereits berührt wurde. Die alten Romantiker, sagt Nietzsche NW. Bd. XIII S. 343 Aph. 852, fallen um, und liegen eines Tags, man weiß nicht wie, vor dem Kreuze ausgestreckt, das ist auch Richard Wagner begegnet. Die Entartung eines solchen Menschen mit anzusehen, gehört zum Schmerzhaftesten, was ich erlebt habe. Daß man es in Deutschland nicht schmerzhaft empfunden hat, war ein starker Anstoß für mich, jenem Geiste, der jetzt in Deutschland herrscht, noch mehr zu mißtrauen. — Die psychische Entartung Wagners wurde aber nach Nietzsche durch Parsifal herbeigeführt, und dieser war (siehe Ariadneabschnitt) zu allererst eine Geschmackskondeszendenz Wagners für seine Frau Cosima. Wagner hatte in seinem Ring des Nibelungen das Sakrament der freien Liebe gefeiert, und Frau Cosima hatte an dieser Lobpreisung Anteil genommen. In einem unschuldigen Büchlein der Clara Tschudi über König Ludwig II. von Bayern (Leipzig, Reclams Universalbibliothek) heißt es: Mehr als alles andere trug jedoch dazu bei, Ärgernis zu erregen, daß Frau Cosima von Bülow geb. Liszt in der Villa in der Brienner Straße in München (Wagners Wohnung) die Rolle der Hausfrau übernommen hatte; man erfuhr, daß die gegenseitige Bewunderung zwischen ihr und Wagner in ein Liebesverhältnis übergegangen war. König Ludwig hatte unzweifelhafte Beweise dafür erhalten, daß der Dichterkomponist in einem vertrauten Verhältnisse zu Frau Cosima von Bülow stand, und diese Beweise, welche ihn völlig unvorbereitet trafen, berührten ihn sicherlich weit tiefer als die Einmischung seiner Angehörigen und die haßerfüllten Ergüsse der Zeitungen. Ludwig war eine eifersüchtige Natur, die um ihrer selbst willen geliebt sein wollte und den Freund allein zu besitzen wünschte; das Verhältnis zu Frau von Bülow wurde deshalb eine Quelle bitterer Enttäuschung für ihn. An demselben Tage, an dem er Gewißheit hiervon erhalten hatte, sandte er seinem Ministerpräsidenten ein Schreiben, in dem er diesem mitteilte, daß Wagner München sofort verlassen solle. (S. 39, 48/49.) — Was auf der glückseligen Insel Triebschen sich ereignete, ist bekannt; das Scheidungsurteil von Bülow, das auf böswillige Verlassung lautete, haben wir im ersten Teile mitgeteilt. — Obiger Aphorismus betr. Entartung entstammt gemäß dem Nachberichte zu Bd. XIII NW. dem Jahre 1886, also jener Zeit, als Nietzsche in der „Genealogie der Moral" die Aufzeichnungen gegen Parsifal machte; offenbar wird auch die Umarbeitung der Klage des Zauberers in die „Klage der Ariadne" jener Zeit angehören, wenn auch die Reinschrift der Dionysosdithyramben erst 1888 geschah. Wie in der Walküre Sieglinde von Bluthunden verfolgt wird, so wird hier Ariadne vom grausamsten Jägergotte als abgründlichstem Gedanken gejagt; der große Immoralist Dionysos rächt sich an der Bekehrung des Atheisten zum Katholizismus und an dem Kunstwerke Parsifal; Nietzsche erblickte in jenem Vorgange auch ein Mittel, die ganze Vergangenheit des Sakramentes der freien Liebe hiermit verbüßen zu wollen. „Gib Liebe mir, komm' zurück mit allen deinen Martern; meine letzte Herzensflamme, dir glüht sie auf! O komm' zurück, mein unbekannter Gott, mein letztes Glück!" schreit Ariadne in furchtbarer Verzweiflung auf, bis ihr Dionysos Sühne gibt: „Ich bin dein Labyrinth!" Hier erhebt sich gegenüber der Parsifaltragik Nietzsche zu tragischer Größe. Nietzsche ersah in Wagners Parsifal eine ungeheure biologische Gefahr, für die Frau Cosima mit verantwortlich war, und der Vernichtungskampf mußte auch gegen sie geführt werden.

## XIV. Nietzsches Umwertungsperiode und der „Fall Wagner".

Das letzte Schaffensjahr 1888 hatte an Werken Nietzsches „Götzendämmerung", „Antichrist", „Ecce homo", und speziell in der Kunst der „Fall Wagner" und „Nietzsche contra Wagner" gebracht; daneben entstanden noch Dionysosdithyramben, und das große philosophisch-theoretische Werk von 1883—88 der „Wille zur Macht". Ecce homo hatte Nietzsche als Vorspiel der Umwertung bezeichnet, als feuerspeiende Vorrede zu derselben; die Drucklegung erfolgte 1908, während der „Wille zur Macht" erstmals 1901 im Drucke erschien. — Umwertung aller Werte, sagt Nietzsche, das ist eine Formel für einen Akt höchster Selbstbesinnung, der in mir Fleisch und Genie geworden ist. Mit dieser Formel ist eine Gegenbewegung zum Ausdrucke gebracht in Absicht auf Prinzip und Aufgabe. Überzeugung einer absoluten Unhaltbarkeit des Daseins, wenn es sich um die höchsten Werte, die man anerkennt, handelt, ist ihre Voraussetzung. Unsere moralischen Werturteile sind Verurteilungen, Verneinungen, Moral ist der Instinkt der Verneinung des Lebens; der Welt sind nur Dekadenzewerte als oberste Werte gelehrt worden, die christliche Moral ist Dekadenzemoral. Alle überlieferten

Begriffe in der Philosophie, die sämtlich moralischen Ursprungs sind, sollen mit absoluter Skepsis behandelt werden; Lösung dieser Wertgefühle durch die dionysische Weisheit. — Die Griechen können uns nicht mehr sein, was die Römer uns sind; ihre Art ist zu fremd, um klassisch zu wirken; dagegen Vornehmheit der Römer im Mosaik der Worte. Die Philosophie der Hellenen war die Gegenbewegung gegen den alten guten Geschmack. Hinsichtlich der Weltanschauung verlangt Nietzsche, dem Werden den Charakter des Seins aufzuprägen; keine Zwecke, keinen Gott; an Stelle der Götter soll der Übermensch treten; ferner soll der Gedanke der Wiederkunft als auswählendes Prinzip im Dienste der Kraft gelehrt werden. — In der Willenslehre nähert sich Nietzsche wieder der Schopenhauerschen Theorie; während Schopenhauer den Willen aber als ein jenseits von Raum und Zeit befindliches Ding an sich auffaßt, ist Nietzsches Wille zur Macht der in allen Elementen in Raum und Zeit sich ausbreitende Kern. (Vergl. R. Richter.) In der menschlichen Psyche gibt es nach Nietzsche keinen Willen, sondern Willenspunktationen, die beständig ihre Kraft mehren oder verlieren. — Bezüglich Religion sagt Nietzsche: Die Kirche hat sich als Todfeindschaft zu jeder Höhe der Seele summiert und die Naturwerte entwertet. In der Formel: Gott am Kreuze! hat die Dekadenze gesiegt, das Kreuz war zur Verschwörung gegen das Leben selbst geworden! (NTA. Bd. 9 u. 10, NW. Bd. VIII.) Fand Nietzsche, daß das Gute nur dasjenige ist, was aus der Stärke stammt, das Schlechte, was aus der Schwäche stammt, und stellte er hiernach die Rangordnung mit dem Typus des vornehmen Menschen und Zucht und Züchtung des Übermenschen auf, so stellte er anderseits der Dekadenzebewegung in Moral, Religion und Philosophie die Kunst als Stimulans des Lebens gegenüber. Schon bevor Nietzsche das erste Buch des Willens zur Macht bezw. der Umwertung vollendet hatte, gedachte er eine neue unzeitgemäße Betrachtung „Musik oder die Künstler" zu schreiben. Während der Bearbeitung des Themas Modernität im theoretisch-philosophischen Hauptwerk trat, wie die Nietzsche-Biographie der Frau Förster besagt, ihm das Problem Richard Wagner besonders nahe. Er zog es aber vor, dasselbe in einer eigenen Schrift zu behandeln, weil sonst das Hauptwerk zu umfangreich geworden wäre. Wagner erschien ihm als das markanteste Beispiel der Modernität. Hans von Bülow hatte überdies an Nietzsche eine Botschaft ausrichten lassen, die eine scharfe Kritik der Bayreuther Kreise enthielt und mit der Aufforderung schloß: „Fr. Nietzsche sollte doch einmal schreiben, weshalb er von Bayreuth fortgegangen wäre, daraus würde sicherlich viel zu lernen sein"; er selbst (Bülow) wolle sich über ein verwandtes Thema äußern. (NB. II 851.) Die Schrift „Der Fall Wagner" wurde in Sils Maria verfaßt und sogleich in Druck gegeben. Anläßlich der Übersendung an Professor Jakob Burkhardt in Basel schrieb ihm Nietzsche: „Vielleicht habe ich ein Recht, von diesem Fall Wagner einmal deutlich zu reden, vielleicht selbst eine Pflicht. Die Bewegung ist jetzt in höchster Glorie; drei Viertel aller Musiker ist ganz oder halb überzeugt, von Petersburg bis Paris, Bologna und Montevideo leben die Theater von dieser Kunst; jüngst hat noch der junge deutsche Kaiser die ganze Angelegenheit als nationale Sache ersten Ranges bezeichnet und sich an deren Spitze gestellt; Gründe genug, daß es erlaubt ist, auf den Kampfplatz zu treten. (NBrA. 338.) An Paul Deußen schrieb er unterm 14. September 1888: „Du wirst noch in diesem Monate eine Zusendung erhalten, eine kleine ästhetische Streitschrift, in der ich zum ersten Male und auf die unbedingteste Weise das psychologische Problem Wagners ans Licht stelle. Es ist eine Kriegserklärung ohne Pardon an diese ganze Bewegung; zuletzt bin ich der einzige, der Umfang und Tiefe genug hat, um hier nicht unsicher zu sein. Daß eine Schrift von mir, ein Pamphlet, wenn man will, gegen Wagner, eine gewisse Aufregung mit sich bringt, gibt mir schon der letzte Bericht meines Verlegers zu verstehen. Bloß auf die vorläufige Ankündigung hin sind so viel Bestellungen eingelaufen, daß die Auflage von tausend Exemplaren als erschöpft betrachtet werden kann." (NBrA. 347/48.) An seine Schwester schrieb Nietzsche unterm 3. Mai 1888: Es ist ein Pamphlet über Musik, das sich gegen Wagner wendet. Hier mache ich den leidenschaftlichsten Krieg, da ich nichts in der Welt so wie Wagner und seine Musik geliebt und bewundert habe, und mit Triebschen die erquicklichsten und erhabensten Erinnerungen verbinde. Jetzt aber hat die Wagnerei ihre Zeit gehabt, sie wirkt verderblich. Das sollte sich ihre Gefolgschaft sagen; sie wird aber immer fanatischer, christlicher und verdüsterter wie das gesamte Europa; die Wagnerei ist nur ein Einzelfall. Wie hat sich alles gegen 1869 bis 1872 verändert; damals war ich Wagnerianer wegen des guten Stückes Antichrist, das Wagner mit seiner Kunst und Art vertrat. Aber in dem Augenblicke, wo es anständiger als je war, Heide zu sein, wurde Wagner Christ. Frau Cosima nennt man jetzt die Markgräfin von Bayreuth, ein hübscher Scherz; doch habe ich allerhand wehmütige Hintergedanken dabei. Wie hat man seit Triebschen den armen Wagner verweltlicht und verchristlicht, ja, ja, die Frauen!" (NBr. V.) — Bernoulli meint, die Schrift sei das Resultat eines wahren Tückegefühls gewesen, da Nietzsche 1886 an Seydlitz schrieb: „Aus meinem letzten deutschen Aufenthalte habe ich ein Ressentiment noch nicht überwunden!" (O. II 219.) In „Ecce homo" schrieb Nietzsche: Um dieser Schrift gerecht zu werden, muß man am Schicksal der Musik wie an einer offenen Wunde leiden. Daran leide ich, daß die Musik um ihren weltverklärenden jasagenden Charakter gebracht worden ist, daß sie Dekadenzemusik und nicht mehr die Flöte des Dionysos ist. Gesetzt aber, daß man dergestalt die Sache der Musik wie seine eigene Sache fühlt, so wird man diese Schrift voller Rücksichten und über die Maßen mild finden. In solchen Fällen heiter sein und sich gutmütig mit verspotten, ist die Humanität selbst. Wer zweifelt eigentlich daran, daß ich als der alte Artillerist, der ich bin, es in der Hand habe, gegen Wagner mein schweres Geschütz aufzufahren. Ich hielt alles Entscheidende in dieser Sache bei mir zurück, ich habe Wagner geliebt. (E. 108.) — Gegen die Schrift hatte Richard Pohl einen Artikel ins „Musikalische Wochenblatt“ geschrieben, obwohl der Verleger desselben E. W. Fritzsch nicht bloß Wagners, sondern auch einen Teil von Nietzsches Schriften verlegte, was Nietzsche in große Aufregung brachte; er hatte dann bald darauf seine Schriften von Fritzsch zurückerworben und in den Verlag von C. G. Naumann gegeben.

Eine zweite Schrift „Nietzsche contra Wagner“, Aktenstücke eines Psychologen, Zusammenstellungen aus Werken der zweiten Periode, sowie aus „Jenseits von Gut und Böse“ und „Genealogie der Moral“, war ebenfalls verfaßt; er nannte sie brieflich an Peter Gast eine Antipodencharakteristik, das sehr ernste Gegenstück zum „Fall Wagner“. Dem Verleger C. G. Naumann schrieb er im September 1888: Daß jetzt eine weitere Publikation absolut unzulässig ist, sie würde den Eindruck dieser Schrift stören, und die Notwendigkeit, sich einmal nach meinen früheren Schriften umzusehen, beinahe aufheben! — „Eben höre ich“, fügte er hinzu, „daß auch H. von Bülow eine Schrift dies Problem betreffend herausgibt; sehr erwünscht; wir sind die beiden einzigen, die Mut und Kenntnis aller Intimitäten des Falles Wagner besitzen.“ (NB. II 877.) Diese Schrift Bülows, „Alt- und Neuwagnerianer“, ist aber niemals erschienen. — Die Erstausgabe von „Nietzsche contra Wagner“ erfolgte erst 1895. Carl Spitteler berichtete darüber: „Nietzsche hatte seinen Krieg gegen Wagner offenbar mit großen Siegeshoffnungen begonnen, im Glauben, den Papst, den er eingesetzt, auch wieder absetzen zu können; das schlug fehl. Nun hatte aber Nietzsche gegen Wagner einen maßlosen, ja tollen Haß. Dieser Haß erlaubte ihm nicht, die Erfolglosigkeit seiner Schrift ‚Fall Wagner‘ zu verwinden; er plante daher einen zweiten noch viel schärferen Feldzug, und da er allein nicht zum Ziele gekommen war, schaute er sich nach einem Bundesgenossen um!“ Er machte an Spitteler den Vorschlag, gemeinsam unter dem Titel „Nietzsche contra Wagner“ eine Schrift herzustellen. Das Ganze sollte Spitteler unter seinem Namen herausgeben, und eine fulminante Vorrede dazu schreiben, die einer Kriegserklärung gegen Wagner und gegen die ganze moderne Musik gleichkäme. Spitteler hatte aber abgelehnt. (O. II 483/84.) Gast bemerkte dagegen in der Herausgabe der Briefe Nietzsches an ihn: Um dem Irrtum zu begegnen, daß Nietzsches Wegwendung von Wagner erst mit dem „Fall Wagner" erfolgt sei, stellte Nietzsche eine Reihe beweisender Aphorismen aus seinen Schriften seit 1878 zusammen, und nannte diese Aktenstücke „Nietzsche contra Wagner". Anfangs wünschte Nietzsche, daß nicht er, sondern jemand Fremder sie veröffentliche; er verfiel auf Carl Spitteler, der im „Bund" vom 8. November sich so zustimmend über den „Fall Wagner" geäußert hatte. Doch kam er von diesem am 11. Dezember ausgesprochenen Gedanken am 12. Dezember wieder zurück. Was sich Nietzsche von Spitteler erbat, betraf nur die Chronologie seiner Loslösung von Wagner. — Overbeck schrieb über das erstere Schriftwerk an Peter Gast: Wie man auch über den „Fall Wagner" denke, in der Sache kann niemand herzlicher übereinstimmen als ich, der ich wirklich den Sieg Wagners für einen Unfall, zumal unserer deutschen Kunst halte, und wie hoch man die Fülle von Belehrung und Erhellung schätze, welche auch von diesem Büchlein die allgemeine Ästhetik erhält, auf jeden Fall faßt Nietzsche die Probleme, die ihn beschäftigt haben, darin in einer sehr persönlichen Spitze auf. Diese Spitze würde durch jede fortgesetzte abgesonderte Behandlung des „Falles" nur akzentuiert worden sein, sie wird es jedenfalls durch „Nietzsche contra Wagner" schon durch den Titel, und dies um so mehr, als das Schriftchen doch nur schon Gesagtes wiederholt! — Overbeck kommt nach Nietzsches Erkrankung zur Überzeugung, daß letzteres Schriftchen als Provokation allem Gegnerischen einen günstigen Boden schaffen würde, und Nietzsches Freunde es nur hemmen können in einem Augenblick, wo er durch ein unseliges Geschick vom Kampfplatz sozusagen verschwindet. (O. II 241.) Infolgedessen wurde die Schrift „Nietzsche contra Wagner" einstweilen zurückgestellt. — In den geplanten Vorreden zum „Fall Wagner" sagt Nietzsche: Das Mißverständnis über

Richard Wagner in Deutschland ist heute ungeheuer, und da ich dazu beigetragen habe, es zu vermehren, will ich meine Schuld abtragen, und versuchen, es zu verringern! (NW. XIV 149.) In den Vorarbeiten allgemeiner Natur heißt es: Wagner bedeutete einen gefährlichen Zwischenfall, eine Ausnahme und ein Fragezeichen, welches alle strengen Künstlergewissen auf die Probe gestellt hat; noch zur rechten Zeit lernten wir nein sagen! — Die Schrift selbst zerfällt in Vorwort, zwölf Abschnitte, zwei Nachschriften und einen Epilog. Nr. 1 und 2 behandeln die Tragik, die wir in besonderem Abschnitte berücksichtigen; der Gegensatz von christlicher und Herrenmoral, der an anderer Stelle schon erörtert wurde, ist Gegenstand des Epiloges. Nr. 3 und 4 behandeln die Erlösungsprinzipien bezw. die Sentenzen in Wagners Opern; sie hängen bereits mit der Romantik zusammen, denn in den Vorarbeiten sagt Nietzsche: Elsa, Senta, Isolde, Brünhilde, Kundry sind Kinder der französischen Romantik; Wagners Helden sind ganz moderne Typen der Degenereszenz, seine Heldinnen hysterisch-hypnotisch. (NW. Bd. XIV S. 166/67.) In der Schrift selbst sucht er in der Sentenz des „Fliegenden Holländers" eine Anspielung auf Wagners zweite Ehe: „Die Gefahr der Künstler, der Genies, und das sind ja die „ewigen Juden", liegt im Weibe, die anbetenden Weiber sind ihr Verderb; fast keiner hat Charakter genug, um nicht verdorben, erlöst zu werden, wenn er sich als Gott behandelt fühlt, er kondeszendiert alsbald zum Weibe!" — Im „Tannhäuser" findet er das Schicksal Goethes wiedergegeben; Goethe war den Deutschen immer anstößig, er hat ehrliche Bewunderer nur unter den Jüdinnen gehabt. Vor allem war die höhere Jungfrau empört; alle kleinen Höfe, alle Art Wartburg in Deutschland bekreuzte sich vor dem unsaubern Geist in Goethe; diese Geschichte hat Wagner in Musik gesetzt; Goethe wird gerettet, ein Gebet rettet ihn, eine höhere Jungfrau zieht ihn hinan! Was Goethe über Wagner gedacht haben würde? Goethe hat sich einmal die Frage vorgelegt, was die Gefahr sei, die über allen Romantikern schwebe, Antwort: am Widerkäuen sittlicher und religiöser Absurditäten ersticken; kürzer: Parsifal! — Und der Ring des Nibelungen: Wagner hat sein halbes Leben lang an die Revolution geglaubt. Woher stammt alles Unheil in der Welt, fragte sich Wagner: Von Sitten, Moralen, Gesetzen, Institutionen, von allem dem, worauf die alte Gesellschaft ruht. Siegfrieds Entstehung ist bereits eine Kriegserklärung an die Moral, er kommt aus Ehebruch, aus Blutschande zur Welt; an diesem Punkte hat Wagner die Sage korrigiert; Siegfried und Brünhilde, das Sakrament der freien Liebe, die Götterdämmerung der alten Moral! Wagners Schiff fuhr auf ein Riff, die Schopenhauersche Philosophie! Er hatte den Optimismus in Musik gesetzt; Wagner schämte sich; er übersetzte den Ring ins Schopenhauersche. Brünhilde, die mit einem Liede zu Ehren der freien Liebe sich zu verabschieden hatte, die Welt auf eine sozialistische Utopie vertröstend, muß Schopenhauer studieren, das vierte Buch der „Welt als Wille und Vorstellung" in Verse bringen. Wagner war erlöst; erst der Philosoph der Dekadenze gab dem Künstler der Dekadenze sich selbst. (NW. Bd. VIII S. 12/16.) Ursprünglich hatte Brünhilde am Schlusse der „Götterdämmerung" die Worte zu sprechen: Nicht Gut, nicht Gold, noch göttliche Pracht; nicht Haus, nicht Hof, noch herrischer Prunk; nicht trüber Verträge trügender Bund, nicht heuchelnder Sitte hartes Gesetz; selig in Lust und Leid läßt die Liebe nur sein!" — Jetzt aber hieß es: Aus Wunschheim zieh ich fort, Wahnheim flieh ich auf immer! nach dem wunsch- und wahnlos heiligsten Wahlland, der Weltwanderung Ziel, von Wiedergeburt erlöst, zieht nun die Wissende hin! Trauernder Liebe tiefstes Leiden schloß die Augen mir auf, enden sah ich die Welt! — Und zu allerletzt in der christlichen Phase hieß es: Trauernder Minne tiefstes Mitleid schloß die Tore mir auf! Wer über alles achtet das Leben, der wende sein Auge von mir; wer aus Mitleid der Scheidenden nachblickt, dem dämmert von fern die Erlösung, die ich erlangt'! So scheid' ich grüßend, Welt, von dir! —

Alles übrige im Werke kann in das große Kapitel der Romantik, Modernität, Dekadenze eingerechnet werden. In der Vorrede heißt es: Niemand war vielleicht gefährlicher mit der Wagnerei verwachsen als ich, niemand hat sich härter gegen sie gewehrt, niemand sich mehr gefreut, von ihr los zu sein. Der Philosoph hat den härtesten Strauß mit dem zu bestehen, worin gerade er das Kind seiner Zeit ist. Ich bin so gut wie Wagner das Kind dieser Zeit, will sagen ein Dekadent, nur daß ich das begriff, daß ich mich dagegen wehrte. Eine Selbstdisziplin war mir vonnöten, Partei zu nehmen gegen alles Kranke an mir, eingerechnet Wagner, Schopenhauer, die ganze Menschlichkeit. Mein größtes Erlebnis war eine Genesung, Wagner gehörte bloß zu meinen Krankheiten. Dem Philosophen steht es nicht frei, Wagners zu entraten; durch Wagner redet die Modernität ihre intimste Sprache, und umgekehrt hat man beinahe eine Abrechnung über den Wert des Modernen gemacht, wenn man über Gut und Böse mit Wagner bei sich im reinen ist. — Nr. 5: Wagner als Dekadent. Er hat die Musik krank gemacht, er vermehrte die Erschöpfung; seine Kunst ist krank; in ihr sind die drei großen Stimulantia der Erschöpften gemischt: das Brutale, das Künstliche und das Unschuldige. Nr. 6: Wagner will das, was die Massen bewegt, Chaos, Unendlichkeit ohne Melodie, er wirft die Leidenschaft um; die Musik soll nicht zur Erholung dienen, oder Vergnügen machen, sie soll erlösen. Nr. 7: Die Gesamtverwandlung der Kunst ins Schauspielerische ist ebenso bestimmt ein Ausdruck physiologischer Degenereszenz, wie jede einzelne Verderbnis und Gebrechlichkeit der durch Wagner inaugurierten Kunst. Wenn irgend etwas interessant ist an Wagner, so ist es die Logik, mit der er einen physiologischen Mißstand an Praktik und Prozedur Schritt für Schritt macht. Wagner hat den Stil der Dekadenze; bei ihm steht im Anfang die Halluzination von Gebärden, zu ihnen sucht er erst die Tonsemiotik; mit seinem dramatischen Stil setzt er ein Prinzip an, wo ihm ein Vermögen fehlt. Er ist der größte Miniaturist der Musik, der in den kleinsten Raum eine Unendlichkeit von

Sinn und Süße drängt. Nr. 8: Wagner ist ein ganz großer Schauspieler, das erstaunlichste Theatergenie, das die Deutschen gehabt haben. Er war nicht Musiker von Instinkt; das bewies er damit, daß er alle Gesetzlichkeit und allen Stil in der Musik preisgab, um aus ihr eine Theater-Rhetorik zu machen; er hat das Sprachvermögen der Musik ins Unendliche vermehrt. Sein Instinkt will nicht die höhere Gesetzlichkeit des Stils, sondern die Sinnlichkeit in der Musik. Wagner will nur die Wirkung; aber was als wahr wirken soll, darf nicht wahr sein, welcher Satz die Psychologie und Moral des Schauspielers enthält. Wagner ist nicht von königlicher Freigebigkeit, sondern ein kluger Gesetzgeber in der Musik, seine Musik entbehrt der nötigen Substanz. Nr. 9: In Wagners Drama fehlt die harte Logik; dem Knoten und der Lösung fehlen die Notwendigkeit; Wagner war nicht Psychologe genug zum Drama. Wenn man die Wagnerischen Texte ins Bürgerliche übersetzt, ergeben sich ganz moderne Probleme, z. B. daß die Heldinnen keine Kinder bekommen. Nr. 10: Die Quintessenz von Wagners Literatur ist: Was Wagner nicht kann, ist verwerflich; was er kann, hat ihm keiner vorgemacht, wird ihm keiner nachmachen. Wagner hatte Literatur nötig, um alle Welt zu überreden, seine Musik ernst zu nehmen, weil sie Unendliches bedeute. Er war zeitlebens Kommentator der Idee; Wagner hatte, als er jung war, nach der Idee Hegels gegriffen. Hegel war ein europäischer Geschmack, den Wagner begriff; er erfand sich einen Stil, die Musik als Idee. Es ist nicht die Musik, womit sich Wagner die deutschen Jünglinge erobert hat, sondern die Idee, das Rätselhafte seiner Kunst, ihr Versteckenspielen unter hundert Symbolen. Nr. 11: Die Bedeutung Wagners in der Geschichte der Musik ist die Heraufkunft des Schauspielers in der Musik. Nur der Schauspieler weckt noch die große Begeisterung; damit kommt für den Schauspieler das goldene Zeitalter herauf. Und die Bewegung griff selbst in das Gebiet der Erkenntnis über: Wagner verstand zu kommandieren, er war auch darin der große Lehrer, er gab vielleicht das größte Beispiel der Selbstvergewaltigung ab, das die Geschichte der Künste hat. Nr. 12: Es gibt drei Forderungen: daß das Theater nicht Herr über die Künste wird; daß der Schauspieler nicht zum Verführer der echten wird; daß die Musik nicht zu einer Kunst zu lügen wird. (NW. Bd. VIII S. 1—3, 15—37.) — Bezüglich der Schauspielerei hatte Nietzsche noch folgende Aufzeichnung gemacht: Wagner meinte, die grundsätzliche Ungerechtigkeit gegen Wohltäter gehöre zum großen Stil. Er lebte immer als Schauspieler, und im Wahne, wie sie Schauspieler zu haben pflegen. Ich selber bin vielleicht sein größter Wohltäter gewesen; es ist möglich, daß in diesem Falle das Bild länger lebt, als der, welchen es abschilderte. Das liegt darin, daß in meinem Bilde noch Raum ist für eine ganze Anzahl wirklicher Wagner, und vor allem für viel reicher begabte und reiner wollende. (NB. II 858.) Und sodann im „Fall Wagner" bezüglich der Selbstbiographie Wagners: Ich bekenne mein Mißtrauen gegen jeden Punkt, der bloß von Wagner selbst bezeugt ist; er hatte nicht Stolz genug zu irgendeiner Wahrheit über sich; niemand war weniger stolz; er blieb, ganz wie Victor Hugo, auch im Biographischen sich treu, er blieb Schauspieler. (NW. Bd. VIII S. 39.) Die Nachschriften besagen: Der dumpfe Widerstand gegen Wagner ist ein Grad der Gesundheit in dem Gesamtcharakter der europäischen Dekadenze. Durch die Anhängerschaft an Wagner ist an Stelle der vornehmen Schule im Dienste der Kunst der Glaube an das Genie gerückt; man glaubt an ein Recht auf Herrschaft des Theaters über die Künste; das Theater ist ein Plebiszit gegen den guten Geschmack geworden. Spezifische Wirkung der Anhängerschaft ist die Entartung des rhythmischen Gefühls, die Verderbnis der Begriffe. — Wagner war Nietzsche erst Dionysos, dann hatte Nietzsche sich selbst an diese Stelle gesetzt, Wagner wurde Theseus; und jetzt ist Wagner sogar zum alten Minotaurus geworden, der selbst noch unsere Frauen raubt und sie in seine Höhle schleppt. — Wagner hat das Tempo des Ruins der Musik beschleunigt; er hatte die Naivität der Dekadenze. Brahms, der Antagonist Wagners, schafft nicht aus der Fülle, er dürstet nach der Fülle. Aber unsere Musik hat die Fatalität, Ausdruck des physiologischen Widerspruchs zu sein, modern zu sein; von typisch unzeitgemäßen Menschen in Europa wäre eine verspätete Schönheit und Vollkommenheit auch für die Musik noch zu schaffen. — Der moderne Mensch stellt biologisch einen Widerspruch der Werte (christliche und Herrenmoral) dar; was Wunder, daß gerade in unsern Zeiten die Falschheit selber Fleisch und Genie wurde; Wagner wurde zum Cagliostro der Modernität. Aber wir alle haben wider Wissen und Willen Werte, Worte, Formeln, Moralen entgegengesetzter Abkunft im Leibe, wir sind, physiologisch betrachtet, falsch. (NW. Bd. VIII S. 38/46, 51.) — Malwida von Meysenbug hatte den „Fall Wagner" ungnädig aufgenommen; Nietzsche schrieb ihr deshalb (Entwurf): Ich wollte Ihnen mit dem „Fall Wagner" einen Beweis mehr in die Hand geben, daß Sie nie ein Wort noch einen Wunsch von mir verstanden haben. Dieser tiefe Mangel an Instinkt, an Unterscheidung von Wahr und Falsch, den ich den modernen Menschen vorwerfe, Sie sind ja selber ein extremer Fall davon, Sie, die Sie sich Ihr Lebenlang fast über jedermann getäuscht haben, sogar über Wagner, um wieviel mehr aber in etwas schwierigerem Falle über mich. (NB. II 893.)

## XV. Romantik und Modernität.

Im fünften Buche der „Fröhlichen Wissenschaft" aus dem Jahre 1886 sagt Nietzsche: Jede Kunst, jede Philosophie darf als Heil- und Hilfsmittel im Dienste des wachsenden, kämpfenden Lebens angesehen werden; sie setzen immer Leiden und Leidende voraus. Aber es gibt zweierlei Leidende: einmal die an der Überfülle des Lebens Leidenden, welche eine dionysische Kunst und eine tragische Einsicht in das Leben wollen; und sodann die an der Verarmung des Lebens Leidenden, die Ruhe, Stille, Erlösung von sich durch die Kunst und Erkenntnis suchen, oder aber den Rausch, den Krampf, die Betäubung, den

Wahnsinn. Dem Doppelbedürfnis der letztern entspricht alle Romantik in Künsten und Erkenntnissen, ebenso Schopenhauer als Wagner. In Hinsicht auf alle ästhetischen Werte lautet die Frage: Ist hier der Hunger oder der Überfluß schöpferisch geworden? Der tyrannische Wille eines Schwerleidenden, welcher die eigentliche Idiosynkrasie seines Leidens noch zum verbindlichen Gesetz und Zwang stempeln möchte, ist der romanische Pessimismus in seiner ausdrucksvollsten Form, die Schopenhauersche Willensphilosophie und Wagnersche Musik, das letzte große Ereignis im Schicksal unserer Kultur. (NTA. Bd. 6 S. 350/53.) Schopenhauer, heißt es in der „Götzendämmerung", der ein europäisches Ereignis ist gleich Goethe, Hegel und Heine, ist für einen Psychologen ein Fall ersten Ranges als ein bösartig genialer Versuch zugunsten einer nihilistischen Gesamtabwertung des Lebens gerade die Gegeninstanzen, die großen Selbstbejahungen des Willens zum Leben ins Feld zu führen; er hat der Reihe nach die Kunst, das Genie, die Erkenntnis, den Willen zur Wahrheit, die Tragödie als Folgeerscheinungen der Verneinungsbedürftigkeit des Willens interpretiert, die größte psychologische Falschmünzerei, die es, das Christentum abgerechnet, in der Geschichte gibt. — Man muß einen Schritt weiter gehen in seiner Logik, nicht bloß, wie Schopenhauer es tat, mit Wille und Vorstellung das Leben verneinen, man muß Schopenhauer zuerst verneinen. — Das Genie in Werk und Tat ist notwendig ein Verschwender; daß es sich ausgibt, ist seine Größe; es strömt aus, verbraucht sich, ist Fatalität, verhängnisvoll, unfreiwillig, wie der Ausbruch eines Flusses über seine Ufer. Aber weil man solchen Explosiven viel verdankt, hat man ihnen auch viel dagegen geschenkt, z. B. eine Art höherer Moral; das ist die Art der menschlichen Dankbarkeit, sie mißversteht ihre Wohltäter. (NW. Bd. VIII S. 133, 146, 157.)

Und in „Jenseits von Gut und Böse" sagt Nietzsche: Die Tatsache bleibt bestehen, daß die französische Spätromantik der vierziger Jahre und Richard Wagner aufs engste zueinander gehören, sie sind sich in allen Höhen und Tiefen ihrer

Bedürfnisse grundverwandt; allesamt Fanatiker des Ausdrucks, große Entdecker im Reiche des Erhabenen, allesamt Talente weit über ihr Genie hinaus, Virtuosen durch und durch; allesamt zuletzt an dem christlichen Kreuze zerbrechend und niedersinkend. Es mag nicht unterschätzt werden, wie zur Ausbildung von Wagners Typus gerade Paris unentbehrlich war, nach dem ihn in der entscheidendsten Zeit die Tiefe seiner Instinkte verlangen hieß. (NW. Bd. VII 229/31.)

In „Nietzsche contra Wagner“ heißt es im Abschnitte „Wohin Wagner gehört“: Je mehr sich die Musik nach der modernen Seele gestaltet, um so mehr wird sie wagnerisieren! Es war eine wirkliche Schlechtigkeit Wagners, Paris 1871 in seiner Agonie zu verhöhnen! — Nietzsche meint hier Wagners Schrift: Eine Kapitulation, Lustspiel in antiker Manier. — Wagner sagt jedoch im Vorworte: Wenn ich jetzt meinen Freunden den Text der Posse mitteile, so geschieht dies ganz gewiß nicht, um die Pariser nachträglich noch lächerlich zu machen. Mein Sujet zieht keine andere Seite der Franzosen an dàs Licht als diejenige, durch deren Beleuchtung wir Deutschen im Reflex uns in Wahrheit lächerlicher ausnehmen, als jene, welche in allen ihren Torheiten sich immer original zeigen, während wir in der ekelhaftesten Nachahmung derselben sogar bis tief unter die Lächerlichkeit herabsinken. (W. Ges. Schriften Bd. IX S. 4.) — Im „W i l l e n z u r M a c h t“ (NTA. Bd. 9 und 10) sagt Nietzsche folgendes: Unser Wille zur Erkenntnis ist das Symptom einer ungeheuren Dekadenze. Wir streben nach dem Gegenteil von dem, was starke Rassen, starke Naturen wollen! Schopenhauer: Mitleid, Sinnlichkeit, Kunst, Schwäche des Willens, Katholizismus der geistigsten Begierden, das ist gutes 18. Jahrhundert. — Man hat den unwürdigen Versuch gemacht, in Schopenhauer und Wagner Typen der geistig Gestörten zu sehen; eine ungleich wesentlichere Einsicht wäre gewonnen, den Typus der Dekadenze, den beide darstellen, wissenschaftlich zu präzisieren. — Die Romantik ist Nachschlag des 18. Jahrhunderts, eine Art aufgetürmtes Verlangen nach dessen Schwärmerei großen Stils.

Wagner hat Freischütz, Hofmann, Grimm, die romantische Sage, den mystischen Katholizismus des Instinkts, den Symbolismus, die Freigeisterei der Leidenschaft. — Richard Wagner bleibt bloß in Hinsicht auf seinen Wert für Deutschland und deutsche Kultur abgeschätzt ein großes Fragezeichen, ein Schicksal in jedem Falle. Es will mir sogar scheinen, daß er nirgendswo weniger hingehört, als nach Deutschland, sein Typus steht unter Deutschen einfach fremd, unverstanden da. Aber der deutsche Geist hat zu allen Zeiten in psychologicis der Feinheit und Divination ermangelt; wie sollte er dem Problem Wagner gewachsen sein. — Der moderne Künstler, in seiner Physiologie dem Hysterismus nächstverwandt, ist auch als Charakter auf diese Krankheit hin abgezeichnet. Der Hysteriker ist falsch, er lügt aus Lust an der Lüge, er ist bewunderswürdig in jeder Kunst der Verstellung. Die absurde Erregbarkeit seines Systems nimmt ihm alles Berechenbare; er ist keine Person mehr, höchstens ein Rendezvous von Personen, von denen bald diese, bald jene mit unverschämter Sicherheit hervorschießt; aber darin ist er groß als Schauspieler. — Künstler sind nicht die Menschen der großen Leidenschaft; es fehlt ihnen die Scham vor sich selber und vor der großen Leidenschaft, und ihr Talent mißgönnt ihnen meist solche Verschwendung von Kraft, welche Leidenschaft heißt. — Im Grunde ist auch Wagners Musik noch Literatur, so gut es die ganze französische Romantik ist; die romantischen Musiker erzählen, was die exotischen Bücher aus ihnen gemacht haben; das Wesentliche ist die Art von neuer Begierde, die Verkleidung, die Verstellung der Seele! — Dramatische Musik, Unsinn; die Wendung zum Drama verrät, daß ein Künstler über die Scheinmittel noch mehr sich Herr weiß, als über die echten Mittel. — Wieviel uneingeständliche und selbst unverstandene Befriedigung aller religiösen Bedürfnisse ist noch in der Wagnerschen Musik; wieviel Gebet, Tugend, Salbung, Jungfräulichkeit, Erlösung redet da noch mit; heimtückische Christlichkeit: Typus der Musik des letzten Wagner! — Wagners Lage hinsichtlich der Musik war im Grunde verzweifelt. Ihm fehlte beides, was zum guten Musiker befähigt, Natur und Kultur, die Vorbestimmung für Musik, und die Zucht und Schulung zur Musik; er schuf aus diesem Mangel ein Prinzip, er erfand sich eine Gattung Musik, die dramatische Musik, ihr Begriff sind die Grenzen Wagners. — Die Größe eines Künstlers bemißt sich nicht nach den schönen Gefühlen, die er erregt, sondern nach den Graden, in denen er sich dem großen Stile nähert. Dieser Stil hat das mit der großen Leidenschaft gemein, daß er es verschmäht, zu gefallen, daß er befiehlt, daß er will; sein Chaos zwingen, Form zu werden, Gesetz werden, das ist hier die große Ambition! Ob unsere Musik nicht ein Stück Gegenrenaissance in der Kunst ist, ob sie nicht im Widerspruch zu allem klassischen Geschmack gewachsen ist?! Es ist Tatsache, daß die Musik ihre höchste Fülle und Reife als Romantik erlangt, noch einmal als Reaktionsbewegung gegen die Klassizität! (NTA. Bd. 9 S. 60, 68, 76, 86; Bd. 10 S. 69/70, 79, 83, 86/89.) Wir entbehren in der Musik eine Ästhetik, die den Musikern Gesetze aufzuerlegen verstünde und ein Gewissen schüfe. Wenn die Stilauflösung Wagners als Meisterschaft gelehrt und verehrt wird, so kommt meine Ungeduld auf ihren Gipfel. Wagners dramatischer Stil ist die Verzichtleistung auf Stil überhaupt, unter der Voraussetzung, daß etwas hundertmal wichtiger ist als die Musik, nämlich das Drama. Wagner verstärkte Attitüden, er ist Poet; was liegt an aller Erweiterung der Ausdrucksmittel, wenn das, was da ausdrückt, die Kunst selbst, für sich selbst das Gesetz verloren hat. (NTA. Bd. 10 S. 84.) — In Bd. XIV NW. schreibt Nietzsche in den V o r a r b e i t e n des „Fall Wagner“: Das Philosophieren Wagners gehört zu den unerlaubtesten Arten der Dilettanterei. — Vom großen Stile steht Wagner am fernsten. Wagners Musik ist immer Gebärde! Er gehört zu den Demagogen der Kunst, die auf die Instinkte der Massen zu wirken wissen! — Wagner ist eines von jenen drei Schauspielergenies Paganini, Liszt, Wagner, welche ebensosehr zum Nachmachen, als zum Schaffen in der Kunst des Nachmachens selber vorherbestimmt waren, und deren

Instinkt alles erraten hat, was zum Zweck des Vortrags, des Ausdrucks, der Wirkung, der Bezauberung, der Verführung ausfindig gemacht werden kann; als dämonische Kunstinterpreten wurden sie die Meister aller Künstler der Interpretation überhaupt. Was sich in jenen dreien scheinbar neu ausdrückt, ist vielleicht doch nur der alte und ewige Cagliostro, nur neu verkleidet, neu in Szene, Musik, Religion gesetzt, wie es dem Geschmack des neuen Jahrhunderts am besten entsprechen mag. — Wieviel Wagnerisches ist doch an dieser französischen Romantik! In seinen alten Tagen ist der letzte Wagner mit seiner Siegfriedkarikatur, dem Parsifal, nicht nur dem romanischen, sondern geradezu dem römisch-katholischen Geschmacke entgegengekommen. Jedes romantische Ideal ist eine Selbstflucht, Selbstverachtung und Selbstverurteilung dessen, der es erfindet. Diese ganze romantische Kunst könnte von einem überreichen und willensmächtigen Künstler ganz ins Antiromantische, Dionysische umgebogen werden. — Daß ich den Schauspieler im Grunde jedes Künstlers entdeckte und wiedererkannte, dazu bedurfte es der Berührung mit jenem Manne. — Die zwei Formeln, aus denen ich das Phänomen Wagner begreife, sind: die Prinzipien und Praktiken Wagners sind allesamt zurückführbar auf physiologische Notstände, und die schädliche Wirkung der Wagnerschen Kunst deren tiefe organische Gebrechlichkeit, deren Korruption. Mit diesen zwei Formeln ist die Folgerung jenes allgemeinen Satzes gezogen, der für mich das Fundament aller Ästhetik abgibt: daß die ästhetischen Werte auf biologischen Werten ruhen! — Romantik ist Feindschaft gegen die Renaissance, gegen das antike Wertideal, gegen die dominierende Geistigkeit, gegen den klassischen Geschmack, gegen den großen Stil. (NW. Bd. XIV S. 151, 154/56, 158/60, 164/65, 206.) — An Gast schrieb Nietzsche im Februar 1888: Wagner dramatischer Stil ist weiter nichts als eine Spezies des schlechten Stils, ja sogar des Nichtstils in der Musik. Wagner selbst als Mensch, Tier, Gott und Künstler geht tausendfach über den Verstand und Unverstand unserer Deutschen hinaus. (NBr.

Bd. IV.) Und in „Ecce homo“ schreibt Nietzsche: „Als Artist hat man keine Heimat in Europa außer in Paris. Die Delikatesse in allen fünf Kunstsinnen, die Wagners Kunst voraussetzt, die Morbidität, findet sich nur in Paris; man hat in Deutschland gar keinen Begriff von der ungeheuren Ambition, die in der Seele eines Pariser Künstlers lebt! — Was ich Wagner nie vergessen habe, daß er zu den Deutschen kondeszendierte, daß er reichsdeutsch wurde. (E. 41/42.). — Raoul Richter bemerkt hier (R. S. 252/53): Darf man die Kunst, die aus der Stärke stammt, im ganzen als die klassische bezeichnen, so stammt aus der Schwäche alles, was der Kategorie der romantischen Kunst verfällt. Die Kunst Wagners (Parsifal) ist biologisch eine ungeheure Gefahr, diesen Gesichtspunkt darf man nie aus den Augen verlieren, wenn man den Sinn der Ausfälle Nietzsches gegen Wagner richtig verstehen will. Wenn sich Männer wie Wagner dem Leben der Art hemmend in den Weg stellen, so gilt es für den biologischen Moralisten den Vernichtungskrieg gegen sie zu führen, denn der Ethik der Lebensbejahung droht von der Ästhetik der Lebensverneinung her der Angriff, und er wird von dem Genie dieser Kunstrichtung geführt. Weil Nietzsche bis zuletzt in Wagner den größten Typus der modernen Dekadenze erblickte, durfte er vom Standpunkte einer biologischen Ethik nicht im Interesse persönlicher Rücksichten auf Kosten der Gattung Schonung üben. — Im einzelnen wird man aber doch sagen müssen, daß hier bei Nietzsche im „Fall Wagner“, in „Nietzsche contra Wagner“ und in dem, was er über Romantik und Modernität geschrieben hat, das Ressentiment schöpferisch geworden ist; Nietzsche wollte absolut Rache üben. Sonderbar muten auch nachfolgende Briefstellen Nietzsches an Peter Gast vom Januar 1883 an: Im Drama müßte der eigentliche Text erst gedichtet werden, nachdem die Musik fertig ist, in einer fortwährenden Anpassung an die Musik; daß der Dichter sofort auf die Aufgabe hin den Akt zu bauen habe, daß er ein symphonisches Ganze auch als Musik werden könne. — Bezüglich der antiromantischen Musik sagt Nietzsche (NW. Bd. VII S. 227/28): Ein Südländer, nicht der Abkunft, sondern dem Glauben nach, muß, falls er von der Zukunft der Musik träumt, auch von einer Erlösung der Musik von Norden träumen, und das Vorspiel einer tiefern, mächtigern, vielleicht bösern und geheimnisvollern Musik in seinen Ohren haben, einer überdeutschen Musik, welche vor dem Anblick des blauen wollüstigen Meeres und der mittelländischen Himmelshelle nicht verklingt, vergilbt, verblaßt, wie es alle deutsche Musik tut, einer übereuropäischen Musik, die noch vor den braunen Sonnenuntergängen der Wüste recht behält, deren Seele mit der Palme verwandt ist, und unter großen schönen, einsamen Raubtieren heimisch zu sein und zu schweifen versteht. — Ich könnte mir eine Musik denken, deren seltener Zauber darin bestände, daß sie von Gut und Böse nichts mehr wüßte, nur daß vielleicht irgendein Schifferheimweh, irgendwelche goldene Schatten und zärtliche Schwächen hier und da über sie hinwegliefen; einer Kunst, welche von großer Ferne her die Farben einer untergehenden, fast unverständlich gewordenen moralischen Welt zu sich flüchten sähe, und die gastfreundlich und tief genug zum Empfang solcher späten Flüchtlinge wäre.

## XVI. Die Tragik und die leichte Muse.

In NTA. Bd. 6 sagt Nietzsche, daß er den philosophischen Pessimismus des 19. Jahrhunderts als das Symptom höherer Kraft des Gedankens und siegreicher Fülle des Lebens, als diese dem 18. Jahrhundert zu eigen gewesen sind, aufgefaßt habe, so daß mir die tragische Erkenntnis wie der eigentliche Luxus unserer Kultur erschien, als deren kostbarste, vornehmste Art der Verschwendung, aber immerhin, auf Grund ihres Überreichtums, als ihr erlaubter Luxus. Insgleichen deutete ich mir die deutsche Musik zurecht zum Ausdruck einer dionysischen Mächtigkeit der Seele; ich verkannte damals, am philosophischen Pessimismus und an der deutschen Musik, das, was ihren eigentlichen Charakter ausmacht, die Romantik." (NTA. Bd. 6 S. 350.) Und in NTA. Bd. 10 aph. 851 und 852 heißt es: Gesetzt, Schopenhauer behielte Recht, daß man der Tragödie die Resignation zu entnehmen habe, so wäre hiermit eine Kunst konzipiert, in der die Kunst sich selbst verneint. Tragödie bedeutete dann einen Auflösungsprozeß, der Instinkt des Lebens sich im Instinkt der Kunst selbst zerstörend; Christentum, tragische Kunst, physiologische Dekadenze kämen zum Übergewicht, Tragödie wäre ein Symptom des Verfalls. Man kann diese Theorie widerlegen, indem man vermöge des Dynamometers die Wirkung einer tragischen Emotion mißt. Man bekommt das Ergebnis, daß die Tragödie ein Tonikum ist. Wenn Schopenhauer die Gesamtdepression als tragischen Zustand ansetzt, so ist dies eine jener schlimmen Falschmünzereien, welche Schopenhauer Schritt für Schritt seine ganze Psychologie verdorben hat. — Das Gefühl der aufgestauten Kraft spricht das Urteil schön noch über Dinge und Zustände aus, welche der Instinkt der Ohnmacht nur als hassenswert abschätzen kann. Daraus ergibt sich, daß die Vorliebe für furchtbare und fragwürdige Dinge ein Symptom für Stärke ist, während der Geschmack am Hübschen und Zierlichen den Schwachen zugehört. Die Lust an der Tragödie kennzeichnet starke Zeitalter und Charaktere; es sind die heroischen Geister, welche zu sich selbst in der tragischen Grausamkeit ja sagen; sie sind hart genug, um das Leiden als Lust zu empfinden. Die Schwachen dagegen, um sich die Tragödie schmackhaft zu machen, werden ihre eigenen Wertgefühle in sie hinein interpretieren, Triumph der sittlichen Weltordnung, Resignation. Endlich kann die Kunst des Furchtbaren, sofern sie die Nerven aufregt, als Stimulans bei Schwachen und Erschöpften in Schätzung kommen, Wagnerkunst. — Die überwältigenden Künstler, welche einen Konsonanzton aus jedem Konflikte erklingen lassen, sind die, welche ihre eigene Mächtigkeit und Selbsterlösung noch den Dingen zugute kommen lassen, ihr Schaffen ist Dankbarkeit für ihr Sein. Die Tiefe des tragischen Künstlers liegt darin, daß er die Ökonomie im großen bejaht, welche das Furchtbare, Böse, Fragwürdige rechtfertigt, und nicht nur rechtfertigt. In der „Götzendämmerung", Streifzüge eines Unzeitgemäßen, sagt Nietzsche über das Dionysische in bezug auf die Bühnenkunst: Im dionysischen Zustande ist das gesamte Affektsystem erregt und gesteigert, so daß es alle seine Mittel des Ausdrucks mit einem Male entladet und die Kraft des Darstellens, Nachbildens, Transfigurierens, Verwandelns, alle Art Mimik und Schauspielerei zugleich heraustreibt. Das Wesentliche bleibt die Leichtigkeit der Metamorphose, die Unfähigkeit, nicht zu reagieren. Es ist dem dionysischen Menschen unmöglich, irgendeine Suggestion nicht zu verstehen, er hat den höchsten Grad des verstehenden und erratenden Instinkts, wie er den höchsten Grad von Mitteilungskunst besitzt; er verwandelt sich beständig. Musik, wie wir sie heute verstehen, ist gleichfalls eine Gesamterregung und Entladung der Affekte, aber dennoch nur das Überbleibsel von einer viel volleren Ausdruckswelt des Affekts. Trotzdem ist das der eigentlich dionysische Normalzustand, jedenfalls der Urzustand; die Musik ist die langsam erreichte Spezifikation desselben auf Unkosten der nächstverwandten Vermögen. (NW. Bd. VIII 124/125.) Vgl. Götzendämmerung, Streifzüge eines Unzeitgemäßen, Nr. 24. — In Ecce homo S. 66/67 schreibt Nietzsche: Das Jasagen selbst noch zum Leben in seinen fremdesten und härtesten Problemen; der Wille zum Leben, im Opfer seiner höchsten Typen der eigenen Unerschöpflichkeit froh werdend, das verstand ich als Brücke zur Psychologie des tragischen Dichters; um, über Schrecken und Mitleiden hinaus, die ewige Lust des Werdens selbst zu sein, jene Lust, die auch noch die Lust am Vernichten in sich schließt, in diesem Sinne habe ich das Recht, mich selbst als den ersten tragischen Philosophen zu verstehen, als den äußersten Gegensatz und Antipoden eines tragischen Philosophen. Vor mir gibt es diese Umsetzung des dionysischen in ein philosophisches Pathos nicht, es fehlt die tragische Weisheit. — Am Schlusse seines Dionysosbuches im „Willen zur

Macht" stellt Nietzsche den tragischen Sinn dem christlichen Sinn gegenüber.: Der tragische Mensch bejaht noch das herbste Leiden; er ist stark, voll, vergöttlichend genug dazu; der christliche verneint noch das glücklichste Los auf Erden; er ist schwach, arm, enterbt genug, um in jeder Form noch am Leben zu leiden. (NTA. Bd. 10. 219/220.)

Im „Fall Wagner" Nr. 1 und 2 kommt Nietzsche auf Bizets Carmen zu sprechen. In der Vorrede hierzu sagt er zwar: Es ist nicht nur die reine Bosheit, wenn ich Bizet auf Kosten Wagners lobe; ich bringe unter vielen Späßen eine Sache vor, mit der nicht zu spaßen ist. — In einem Briefe (NBr. I 539) sagt er: Das, was ich über Bizet sage, dürfen Sie nicht ernst nehmen, Bizet kommt für mich tausendmal nicht in Betracht, aber als ironische Antithese gegen Wagner wirkt es sehr stark! — Auch Carl Spitteler erklärt, Nietzsche habe ihm gestanden, die Oper Carmen nur aus Bosheit so unbändig gelobt zu haben, weil er damit Wagner grün und gelb zu ärgern hoffte. (O. II 483.) Immerhin sind die Auslassungen wichtig in bezug auf den Fatalismus, den Nietzsche selbst noch in „Ecce homo" als Quintessenz und Inkarnation seiner Lehren von der Tragik hingestellt hat. Er sagt: Diese Musik ist böse, raffiniert, fatalistisch, sie hat das Raffinement einer Rasse, nicht eines Einzelnen; sie baut, organisiert, nimmt den Zuhörer als intelligent, das Gegenstück zu Wagner. Die tragischen Akzente sind ohne die Lüge des großen Stils; die Handlung hat die Logik in der Passion, die harte Notwendigkeit, die Trockenheit der Luft. Die Musik ist heiter, afrikanisch, sie hat das Verhängnis über sich, ihr Glück ist kurz, plötzlich, ohne Pardon. Die Liebe ist die in die Natur zurückübersetzte Liebe, nicht Liebe einer höheren Jungfrau, keine Sentimentaliät, sondern die Liebe als Fatum, Fatalität, zynisch, unschuldig, grausam, und eben doch darin Natur, die Liebe, die in ihren Mitteln der Krieg, in ihrem Grunde der Todhaß der Geschlechter ist. Die Tragik, die das Wesen der Liebe macht, drückt sich hier strenge aus: Ja, ich habe sie getötet, ich, meine angebetete Carmen! Eine solche Auffassung der Liebe hebt ein Kunstwerk unter Tausenden heraus. (NW. Bd. VIII S. 7/10.) Im September 1888 schrieb Nietzsche an Peter Gast: Gersdorff ist Zeuge eines rasenden Wutausbruchs Wagners gegen Bizet gewesen, als Minnie Hauck in Neapel war und Carmen sang. Auf dieser Grundlage, daß Wagner auch hier Partei genommen hat, wird meine Bosheit an einer gewissen Hauptstelle noch schärfer empfunden werden. — Der Vorfall wird wohl ins Jahr 1881 verlegt werden müssen. — Nietzsche hatte über zwanzigmal in Italien Carmen angehört und vielfach mit Minnie Hauck in der Titelrolle als Gast; sie galt in den achtziger und neunziger Jahren als die Hauptvertreterin dieser Rolle. Anderseits war sie auch mit Wagner näher bekannt; ihr Gatte, der Afrikareisende Hesse-Wartegg, hatte nach Wagner Triebschen zu seinem Wohnsitze erkoren. — In „Ecce homo“ sagt Nietzsche: Meine Formel für die Größe am Menschen ist amor fati! Aller Idealismus ist Verlogenheit vor dem Notwendigen. (E. 51.) — Nietzsche würde also hier für die Tragik in der Bühnenkunst zwei Erfordernisse hinstellen: Realität verbunden mit Grausamkeit, Furchtbarkeit und Cynismus, und Fatalität, amor fati, Liebe zum Schicksal, zum Verhängnis, zum Unabwendbaren, also der Verismus und was damit zusammenhängt. — Würde man davon ausgehen, daß es diese Tragik nach Nietzsche nicht gäbe, weil er Bizet nur aus Bosheit gegen Wagner gelobt hat, so müßte man beispielsweise die gesamte Übermenschentheorie verwerfen, weil Nietzsche schließlich den Übermenschen nur noch mit der großen Gesundheit (siehe Epilog) und mit sich selbst identifiziert hat. Auch der Versuch der Umwertung aller Werte würde größtenteils außer Frage kommen, weil Nietzsche zuletzt unter Umwertung nur noch seinen Antichrist verstanden wissen wollte, und es würde damit die Periode der eigenen Philosophie Nietzsches vollends gefährdet erscheinen. Was dieser Geist mit gesunden Sinnen Großes geschaffen hat, soll deswegen nicht zerstört werden, weil er es in den Tagen des beginnenden Wahnsinns wieder niederreißen wollte. — Bezüglich großer Musik nannte Nietzsche die Namen: Schütz, Händel, Chopin, einiges von Liszt und Wagners Siegfried-Idyll. (NB. II 871.) — Daneben wünschte sich Nietzsche noch Musik als Erholung. Er schrieb: Die Musik, halten wir sie fest als Erholung; um keinen Preis darf sie nur das sein, was sie geworden ist, eine bloße Wagnerei! Nichts ist ungesünder als der Wagnerische Mißbrauch der Musik, es ist die schlimmste Art Idealismus! — Was ich überhaupt von der Musik will: daß sie heiter und tief ist wie ein Nachmittag im Oktober, mild, gütig, nicht heiß; daß sie in der Sonne liegt, daß alles süß, sonderbar fein und geistig an ihr ist; daß sie Bosheiten in den Füßen hat; daß sie eigen, ausgelassen, zärtlich, ein kleines süßes Weib von Niedertracht und Anmut ist. (NB. II 871/72.) An anderer Stelle sagt er: Mein Fuß hat das Bedürfnis nach Takt, Tanz, Marsch. — Er verlangt von der Musik vorerst die Entzückungen, welche im guten Gehen, Schreiten, Springen, Tanzen liegen. „Mein ganzer Leib will von der Musik seine Erleichterung, wie als ob alle animalischen Funktionen durch leichte, kühne, ausgelassene selbstgewisse Rhythmen beschleunigt werden sollten; wie als ob das eherne, das bleierne Leben durch goldene gute, zärtliche Harmonien vergoldet werden sollte. (NTA. Bd. 6 S. 347.) — Im „Fall Wagner“ schreibt er: Wir Halkyonier vermissen bei Wagner die leichten Füße, Witz, Feuer, Anmut, den Tanz der Sterne, die übermütige Geistigkeit, die Lichtschauder des Südens, das glatte Meer! (NW. Bd. VIII S. 34.) Vom Meistersingervorspiel schreibt jetzt Nietzsche: Alles in allem keine Schönheit, kein Süden, nichts von südlicher feiner Helligkeit des Himmels, nichts von Grazie, kein Tanz, kaum ein Wille zur Logik. Eine schwerfällige Gewandung, ein Geflirr von gelehrten und ehrwürdigen Kostbarkeiten und Spitzen. Immerhin eine prachtvolle überladene, schwere und späte Kunst, welche den Stolz hat, zu ihrem Verständnisse zwei Jahrhunderte Musik als noch lebendig vorauszusetzen! Es hat Feuer und Mut und zugleich die schlaffe, falbe Haut von Früchten, welche zu spät reif werden. Eine gewisse deutsche Mächtigkeit und Überfülle der Seele, welche keine Furcht hat, sich unter die Raffinements des Verfalls zu verstecken. Diese Art Musik drückt am besten aus, was ich von den Deutschen halte: sie sind von vorgestern und von übermorgen, sie haben noch kein Heute. (NW. Bd. VII 203/204.)

Im „Zarathustra" und im „Willen zur Macht" empfiehlt Nietzsche den Tanz: Er gehört zu den Voraussetzungen ritterlich - aristokratischer Werturteile, zu den Gefühlen der Macht und Stärke; als Stärkung der Muskelkraft ist er für das gesamte Gefäß-, Nerven- und Muskelsystem von Wichtigkeit. Mit dem Frühling, mit der Musik und mit der Faustischen Unendlichkeit im Busen ist er den Höhenmomenten des Lebens beizuzählen. Ohne Tanz gibt es keine Erhebung und Seligkeit! Welches Glück, Wesen zu begegnen, die immer Tanz und Torheit und Putz im Kopfe haben; sie sind das Entzücken aller sehr gespannten und tiefen Mannesseelen gewesen, deren Leben mit großer Verantwortlichkeit beschwert ist. Im Tanze weiß ich der höchsten Dinge Gleichnis zu reden! Alles Schwere soll leicht, aller Leib Tänzer werden. Wer einst fliegen lernen will, der muß erst stehen und gehen und laufen und tanzen lernen! Alles Werden soll uns ein Göttertanz dünken; ich wünsche mir Wahrheiten, nach denen sich tanzen läßt; über das Dasein soll hinweggetanzt werden. Zarathustra würde nur an einen solchen Gott glauben, der zu tanzen verstünde! Mit Tönen tanzt unsere Liebe auf bunten Regenbogen. Ein Same der Weisheit ist allen Dingen eingemischt; aber das fand ich an allen Dingen, daß sie lieber noch auf den Füßen des Zufalls tanzen! So will ich Mann und Weib: kriegstüchtig, den einen, gebärtüchtig das andere, beide aber tanztüchtig, und verloren sei uns der Tag, wo nicht einmal getanzt wurde. Heil, wer neue Tänze schafft! Tanzen wir in tausend Weisen, frei sei unsere Kunst geheißen, fröhlich unsere Wissenschaft! Tanzen wir gleich Troubadouren zwischen Heiligen und Huren, zwischen Gott und Welt den Tanz! (NW. Bd. VI, XIV, XV; NTA. Bd. 6.) Während Schopenhauer im Tanze nur eine zwecklose Verwendung überschüssiger Kräfte erblickte, will Wagner nur noch den Volks- und Nationaltanz gelten lassen, weil eigentümlich in Gebärde, Rhythmus und Takt; Rhythmus ist das Maß der Bewegungen, durch welche die Empfindung sich veranschaulicht; er ist der Geist der Tanzkunst. Aber nur im Drama veredelt sich die Tanzkunst zu ihrem geistigsten Ausdrucksvermögen, der Mimik. In der Pantomime läßt sie sich zwar zur Absicht des Dramas an, Charaktere und Beweggründe darzustellen, ohne von der Tätigkeit der Sprache erst Gebrauch zu machen; ohne die Dichtkunst scheint sie aber nur unbegrenzte Gefälligkeit auszudrücken. (W. Ges. Schriften Bd. III S. 73/80.) Dagegen pries die Tänzerin Rahel den Tanz als die schönste Kunst, worin wir in idealischer und freier Darstellung selbst Kunststoff werden. — Isadora Duncan gewahrte, daß unter den Menschen von heute eine Sehnsucht nach rhythmischen Bewegungen ist, und sie will mit ihrer Tanzkunst die natürlich-schöne Bewegung des Körpers im Tanze wiederfinden. Wir tanzen, weil wir uns des Lebens freuen, weil Wellen, Winde und Wolken tanzen, und weil wir den Takt des Tanzes in der gesamten Natur fühlen. Der Körper soll in dem Ausdruck seiner selbst durch die ihm natürliche Bewegung gelenkt werden; die ideale Bewegung, die in Harmonie mit der höchsten körperlichen Form sein soll, muß wieder erweckt werden, nachdem sie zweitausend Jahre geschlafen hat. Die Schüler sollen befähigt werden, im Chor künstlerische Tänze auszuführen. Eine Renaissance der Tanzkunst soll wieder erstehen, die aufkeimen wird aus den freudigbewegten Körpern von Kindern, gelehrt und geleitet von der Flöte des Pan selbst. (Isadora Duncan, Meine Kunst.) —

Das Wesentliche an der Kunst, sagt Nietzsche, bleibt ihre Daseinsvollendung, ihr Hervorbringen der Vollkommenheit und Fülle; Kunst ist wesentlich Bejahung, Segnung, Vergöttlichung des Daseins. Mit der Kunst gegen die Vermoralisierung kämpfen; Kunst als Freiheit von der moralischen Verengung und Winkeloptik. Die verblichenen Ideale aufwecken in ihrer schonungslosen Härte und Brutalität als die prachtvollen Ungeheuer, die sie sind. Die Falschheit der Kunst, ihre Immoralität ans Licht ziehen, ebenso die idealisierenden Grundmächte: Sinnlichkeit, Rausch, überreiche Animalität. Frei, übermütig, mit einem kleinen sardonischen Grinsen, aber hell, geistreich bis zur Banalität, und ohne krankhafte oder blondwienerische Sinnlichkeit mag die Kunst sein (Offenbach); Genie als höchste Freiheit unter dem Gesetz und göttliche Leichtfertigkeit im Schwersten. (NTA. Bd. 10 S. 75/76, 81/82.) —

Bei diesen Forderungen für die leichte Muse ging Nietzsche offenbar auch von den allgemein anerkannten Grundsätzen aus: daß die geistigen Genüsse, die eine straffe Konzentration verlangen, zu den starken Anforderungen, die an die Menschheit gestellt werden, in keinen günstigen Wechselbeziehungen stehen, und es anderseits eine starke Neigung aller geistig lebendigen Menschen ist, den Gegensatz zwischen Erhabenem und Lächerlichem auszukosten. (Victor Ottmann in „Das goldene Buch des Theaters", Verlag Spemann.) Wagners Wahrspruch vom Theater müßte für ein derartiges Institut dahin abgeändert werden: Hier liegt der Kern zu einer auf den wundervollen Instinkten des Lebens aufzubauenden, und der Grundlage der Metaphysik abgewandten modernen Ethik, sowie der Keim zu einer den modernen philosophischen Anschauungen entsprechenden Ästhetik, und es soll diesem Institute in Blüte mit den andern Kunstzweigen sein allmächtiger Anteil an volksbildender Wirksamkeit zuerkannt und zugesichert werden. — Jedenfalls müßte Nietzsches Devise: „Seines Todes ist man gewiß, warum wollte man nicht heiter sein" hier Platz greifen; das Kunstwerk dürfte ohne Symbolismus und Romantik sein, und es müßte auch durch den Stil ein Zusammengehen von Musik, Mimik, Plastik und Malerei eine genügende sinnliche Wirkung erzeugt werden. Bezüglich der Führung der Singstimme würde für den Gesangsvortrag musikalische Deklamation in sprachmelodischer Behandlung erforderlich sein, und hinsichtlich der Vertonung der Gesangsstücke würde, unter Ausschluß großer Leidenschaft, eine Überordnung der Dichtung über die Musik stattzufinden haben. Die Vorträge hätten das Gepräge des Realismus als der Wahrhaftigkeit an sich zu tragen, wobei Vergeistigung der Sinnlichkeit nicht auszuschließen wäre. Hinsichtlich der Freiheit des Dichters wären die Sätze Nietzsches: „Wenn man das Schwergewicht des Lebens nicht ins Leben, sondern ins Jenseits verlegt, so hat man dem Leben überhaupt das Schwergewicht genommen“ und „Die Geschichte vom Kampfe der Moral mit den Grundinstinkten des Lebens ist selbst die größte Immoralität, die bisher auf Erden dagewesen ist“, zu berücksichtigen. Im Vortrage und bei der Vertonung wäre auch auf solche Dichtungen, die nach Schopenhauer den Kern aller Dinge, Ziel und Zweck des Daseins, eben dasjenige, wo der Wille zum Leben am deutlichsten ins Bewußtsein tritt, verherrlichen, gebührend Rücksicht zu nehmen. Ein Exzeß höchster und mutwilligster Parodie auf die gröbste Form in der Widernatur des asketischen Ideals würde angebracht sein; Selbsverherrlichung des Lebens und Vernünftigung der Welt dürften nicht fehlen. Heute mögen wohl die höhern Brettls und Kabaretts noch weit von solchen Idealen entfernt sein, welche die Morgenröte einer neuen Kultur, die der Kunst zu neuen Zielen verhilft, signalisieren möchten.

## XVII. Weib und Ehe; Nietzsches Katastrophe und Tod.

Schopenhauer sagt vom G e n i e: Was es auszeichnet, ist die Höhe, zu der es sich, als Zeit und Stimmung günstig waren, hat aufschwingen können, und welche den gewöhnlichen Talenten ewig unerreichbar bleibt. (S. V 480.) Das gilt von Wagner wie von Nietzsche, aber als Musiker und Philosoph schieden sich ihre Wege. Mit der großen Vehemenz des Willens und der starken Steigerung des Intellekts hatte Wagners Genie den Schopenhauerschen Satz, daß der Endzweck der Liebeshändel die Zusammensetzung der nächsten Generation ist, als Künstler praktisch erprobt. Nietzsches Genie dagegen war zum praktischen Leben auf die Dauer nicht geeignet, wenn er auch im einzelnen die Frauengestalten durchaus nicht mied. In seiner Schopenhauerperiode hatte er trotz der ablehnenden Haltung des Philosophen gegenüber den Weibern, von denen dieser sagt, daß sie es ernstlicher mit dem Leben der Gattung als mit dem individuellen nehmen, und die Schuld ihres Daseins durch die Wehen der Geburt, die Sorgfalt für das Kind und die Unterwürfigkeit unter den Mann tragen, doch den Erlösungsprinzipien des Künstlers Wagner gehuldigt. Später freilich hatte er anders gedacht. Aus der Zarathustrazeit sind seine Sätze: „Wenn du zum Weibe gehst, vergiß die Peitsche nicht“, und aus „Jenseits von Gut und Böse“: „Ein Mann, der Tiefe hat in seinem Geist wie in seinen Begierden, kann über das Weib immer nur orientalisch denken, er muß das Weib als etwas zur Dienstbarkeit Vorbestimmtes und in ihr sich Vollendendes fassen; er muß sich hierin auf die ungeheure Vernunft Asiens, auf Asiens Instinktüberlegenheit stellen“ bekannt geworden; ähnlich im Zarathustra: Gehorchen muß das Weib und eine Tiefe finden zu seiner Oberfläche! — Und damit eine Anspielung auf Wagners Theorie aus „Oper und Drama“ nicht fehle, verkündet Nietzsche: Alles am Weibe hat eine Lösung, sie heißt Schwangerschaft; der Mann ist für das Weib ein Mittel, der Zweck ist immer das Kind! — Dann sagt er weiter: Des Weibes große Kunst ist die Lüge, seine höchste Angelegenheit ist der Schein und die Schönheit, und die Männer ehren und lieben gerade diese Kunst und diesen Instinkt am Weibe! Die Emanzipation des Weibes ergibt sich als ein merkwürdiges Symptom von der zunehmenden Schwächung und Abstumpfung der allerweiblichsten Instinkte! Vermännlichung der Weiber ist der richtige Ausdruck für Emanzipation, ich sehe darin eine Entartung im Instinkte! — Als Gegenmittel gegen die Prostitution Ehen auf Frist, legalisiert auf Jahre und Monate, mit Garantie für die Kinder! (NW. Bd. VII S. 191, 197/98, Bd. XIV. S. 243, 248.) Ähnlich steht im Zarathustra: Gebt uns eine Frist und eine kleine Ehe, daß wir zusehen, ob wir zur großen Ehe taugen; es ist ein großes Ding, immer zu zweien zu sein!

Nietzsche war eigentlich kein Weiberfeind; schon in den Abschnitten III, IV und V, sowie im Ariadneabschnitte haben wir seine tiefe Verehrung für Cosima Wagner kennen gelernt. Sodann geht aus einem Briefe an seine Schwester aus Sorrent 1876 hervor, daß es sich damals um eine Verheiratung Nietzsches mit einer „zu mir passenden, aber notwendig vermöglichen Frau“ gehandelt hat: gut, aber reich, wie Fräulein von Meysenbug sagte; mit dieser würde ich dann die nächsten Jahre in Rom leben, welcher Ort für Gesundheit, Gesellschaft und meine Studien gleich geeignet ist. In diesem Sommer soll das Projekt gefördert werden, so daß ich im Herbst verheiratet nach Basel käme. (NBr. V.) Aber noch im nämlichen Jahre 1876 schrieb er an Gersdorff: Geheiratet wird nicht, zuletzt hasse ich die Einschränkung und die Einflechtung in die ganze zivilisierte Ordnung der Dinge sehr, daß schwerlich ein Weib freisinnig genug ist, um mir ehrlich zu folgen. (NBr. I 378.) Ähnlich lautete unterm 2. Juni 1877 ein Schreiben an seine Schwester: Die Verheiratung, sehr wünschenswert zwar, ist doch die unwahrscheinlichste Sache, das weiß ich sehr deutlich! (NBr. V.) Trotzdem hatte er fünf Jahre später nach Bernoullis Darstellung durch Paul Rée an Lou Salomé einen Heiratsantrag gelangen lassen; Lou war seine Jüngerin; er verkehrte mit ihr, die von hoher Intelligenz war, fünf Monate lang; aber sie war nicht gewillt, in ihm aufzugehen. Doch hatte er, wie das Overbeckbuch berichtet, den Umgang mit Lou als eine unglaubliche Wohltat bezeichnet, durch die er erst reif geworden sei für seinen Zarathustra. (O. I 358.) Drei Jahre später 1885 hatte er sich doch wieder mit der Heirat beschäftigt; davon zeugen zwei Briefe an seine Schwester vom Januar 1885 und März 1885: Noch rationeller wäre vielleicht eine gute wirtschaftliche Gattin für mich, welche ihre Aufgabe darin sähe, mich in dem Zustand zu erhalten, in dem ich meiner überschweren Lebensaufgabe am besten nachkomme. Aber alles, was ich von Weibern kennen gelernt habe, ist mir, auf diese Mission angesehen, als unzureichend erschienen. Sie müßte jung sein, sehr heiter, sehr tüchtig, und wenig oder gar nicht „gebildet", und außerdem eine gute Wirtschafterin aus eigener Neigung! — also lautet der Brief vom Januar 1885. Und vom März 1885: Für Menschen, wie ich bin, gibt es keine Ehe, es sei denn im Stile Goethes; ich denke nicht daran, je geliebt zu werden. Die letzten Jahre haben es zu sehr bewiesen, wie sehr ich auf Liebe und Freundschaft verzichten muß. — Anders lautete es im Januar 1886 an Mutter und Schwester: Einstweilen sollt Ihr Eure Blicke nach etwas Zeitgemäßerem umschweifen lassen, z. B. nach einer Lebensgefährtin; das Signalement ist lustig, hübsch, noch sehr jung, und im übrigen ein tapferes kleines Wesen à la Irene Seydlitz. — Dann fühlte er sich wieder so vereinsamt, daß er in dem Liede „Auf hohen Bergen" die Hochzeit mit seinem alter ego dem Zarathustra feierte; dieses 1887 veröffentlichte Lied hatte er früher, ohne den Zarathustra-Schluß, an Heinrich von Stein als „Einsiedlersehnsucht" gesandt, aber ohne Erfolg; Stein war im Herbst 1882 in Sils Maria, um Nietzsche der Wagnersache wieder zurückzugewinnen. Der Lockruf Nietzsches öffnete ihm die Augen für das Entweder—Oder, und er hielt zu Wagner, heißt es im Overbeckbuche. — Unterm 23. März 1887 schrieb Nietzsche sodann seiner Schwester aus Nizza: Mich zu verheiraten wäre jetzt vielleicht eine einfache Dummheit, bei der mir meine blutig erworbene Unabhängigkeit sofort wieder flöten ginge. Ich hätte dabei ja wieder nötig, in irgendeinem Staate Europas mich zum Bürger zu machen, mit zu wählen; ich würde Rücksicht auf Weib, Kind, Familie des Weibes, den Ort, wo ich lebte, die Menschen, mit denen wir verkehrten, zu nehmen haben; aber mir dergestalt die Zunge zu binden, wäre mein Untergang. Lieber elend, krank, gefürchtet in einem Winkel leben, als eingereiht in die moderne Mittelmäßigkeit. Beiläufig gesagt, ein weibliches Wesen, das sich zum Verkehr mit mir eignete, dessen Nähe mich nicht langweilte und nervös machte, habe ich bis jetzt noch nicht wieder gefunden. (NBrA. 292.) Und unterm 25. Januar

1888: Heiraten? Gewiß, es würde mir wohltun, etwas so Holdes um mich herum zu haben, aber würde es ihr wohltun? und würde es mir nicht das Herz brechen, ein so liebliches Wesen leiden zu sehen? Meinst Du wirklich, daß eine Emanzipierte mit ihrer flötengegangenen Weiblichkeit als Ehegattin überhaupt mir erträglich sein könnte? Du vergissest, daß ich trotz meiner schlechten Augen einen stark entwickelten Schönheitssinn habe, ganz abgesehen davon, daß mir solche erbitterte Frauenzimmer zuwider sind, und mir die Laune und die ganze Atmosphäre verderben. Nichts ermüdender als eine geistreiche Gans, die nicht einmal weiß, wie langweilig sie ist. Für Menschen, wie ich bin, würde immer noch eine Heirat im Stile unseres Goethe das Beste sein, das heißt, eine gute Haushälterin heiraten; aber auch diese Vorstellung macht mich schaudern! (NBr. V.) Dann folgten die Aufzeichnungen über Naxos und die Klage der Ariadne; Dionysos-Nietzsche feierte in der Vision die Hochzeit mit Ariadne-Cosima. (Siehe die Ariadne- und Parsifalverdikt-Abschnitte.) —

Anfang Januar 1889 trat bei Nietzsche ein großer paralytischer Anfall ein, durch welchen er in dauernde geistige Umnachtung verfiel. Acht Monate lang nach der Katastrophe blieben noch vereinzelte Erinnerungen übrig, dann begann die Blödsinnszeit, die bis zum Jahre 1900 dauerte. Nietzsche litt an progressiver Paralyse, die möglicherweise durch eine im Jahre 1866 stattgehabte Infektion (nach Paul Möbius) hervorgerufen worden ist; Vorläufer der Paralyse war seit 1873 die sich immer wiederholende Migräne. Zarathustra ist nach Möbius das erste pathologische Werk; doch ging demselben 1881 eine Explosion durch Verkündigung der Lehre von der Wiederkehr alles Gleichen voran. Nach jahrelangem Auf- und Abfluten der Wellen war 1888 die höchste Höhe der Flut erreicht; zahlreiche Briefstellen aus diesem Jahre, namentlich aber das biographische Werk „Ecce homo" bieten Sätze von eingetretenem Größenwahn. Der in Turin erkrankte Nietzsche wurde in die Heilanstalten nach Basel und Jena verbracht; später lebte er in Naumburg in Pflege seiner Mutter, bis seine Schwester ihn in das gegründete Nietzschearchiv nach Weimar verbrachte; dort ist er am 25. August 1900 verstorben, und in der Familiengruft zu Röcken begraben worden.

Infolge eines Vermächtnisses eines Schweden von 300 000 Mark wurde das Archiv unter Aufsicht eines Stiftungsrates in eine Stiftung zu wissenschaftlichen und gemeinnützigen Zwecken umgewandelt, der auch der gesamte Nietzschenachlaß einverleibt wurde. — Nietzsches philosophische Bedeutung wird stets in der Wertlehre, namentlich in der aristokratischen Rangordnung und im Wandel aller Werte überhaupt liegen, seine kulturelle Bedeutung auf den Gebieten von Religion, Moral und Kunst Früchte tragen. —

Für Bayreuth dagegen wurde 1883 der „Allgemeine Richard Wagnerverein“ mit 380 Vertretungen, 24 Zweigvereinen und 5000 Mitgliedern gegründet, der heute, wenn auch in verminderter Anzahl, noch besteht. Im Jahre 1884 fand die Gründung der Wagnerfestspielstiftung als Reserve- und Garantiefonds statt, zu der Hans von Bülow 40 000 Mark als Grundstock gestiftet hatte. Im Jahre 1887 trat auch eine Wagnerstipendienstiftung als Entschädigung für Reise, Aufenthalt und Freiplätze ins Leben, die jetzt 330 000 Mark beträgt, und bis zum 100. Todestage Wagners 1913 noch auf eine starke Höhe gebracht werden soll. Die von Wagner ins Leben gerufenen „Bayreuther Blätter“ sind heute noch Vereinsorgan. — Daneben hat sich eine Gesellschaft für Verbreitung der regeneratorisch - philosophischen und rassentheoretischen Kunst- und Kulturanschauung Wagners unter dem Namen: „Richard Wagnergesellschaft für deutsche Kunst und Kultur“ gebildet. Die Erben Wagners aber haben bereits in Bayreuth seit Wagners Tode die Festspiele gepflegt, die bis zum 100. Geburtstage auf zwanzig Festspieljahre seit dem Tode Wagners sich erstrecken, und in denen, ausgenommen Rienzi und die Feen, sämtliche Werke Wagners, und zwar in jedem Festspieljahre je sieben Aufführungen des Parsifal, zwei Aufführungen des Nibelungenringes, und je fünf Aufführungen eines andern Werkes Wagners mit allerersten Kräften zur Aufführung gelangten. Die Einnahmen dieser Bayreuther Festspielaufführungen fließen in den Festspielfonds, aus dem auch die Ausgaben bestritten werden, so daß bald ein Defizit, bald ein geringer Überschuß aufzuweisen ist.

## Epilog.

In vorliegender Arbeit ersahen wir, wie Nietzsche, der schon früh die Kunst als Stimulans des Lebens pries, durch „Tristan und Isolde" zum Wagnerianer wurde, noch ehe er Schopenhauer kannte; die bisherige Annahme, daß er erst Schopenhauerianer war, und dann erst Wagnerianer wurde, hat sich als irrig herausgestellt. Die Philosophie Schopenhauers war dann allerdings die Veranlassung, daß er sich mit den Werken Wagners näher vertraut machte; Bekanntschaften verhalfen ihm zur Begegnung mit dem großen Wort- und Tondichter. Eine Freundschaft, ein Freundschaftsbund entwickelte sich in der Folge zwischen den beiden, im Gegensatze zu den übrigen Anhängern Wagners, die im Verhältnis vom Jünger zum Meister zu Wagner standen. Und welche Freundschaftsdokumente brachte Nietzsche von den kleinsten, zartesten Intimitäten bis zu Vorträgen, Agitationen, Buchwerken und jeder Mitarbeiterschaft in kultureller Beziehung entgegen; so ging es fort von 1869—74, und von 1875—76. —

Das, was ihn zum ersten Male schon in Triebschen entzückte, war aber namentlich die große durchgeistigte Frau in ihrer Blüte, Frau Cosima von Bülow, und wir ersehen aus den einzelnen Briefstellen, wie tief sie mit Nietzsche mitgefühlt hat.

Nietzsche litt aber bereits in Triebschen seelisch, das geht aus Briefen Wagners (siehe Abschnitt Persönliches) hervor, und dieses Leiden trug wohl mit dazu bei, daß er schon 1874 Ketzergedanken aufzeichnete; merkwürdigerweise treffen diese mit der Jahreszahl zusammen, in welcher Nietzsche, einige Monate später, die Bekanntschaft von Paul Rée machte. Rée mit seinem Positivismus hat einen viel bedeutenderen Einfluß auf Nietzsche ausgeübt, als die Biographien von Frau Förster, Raoul Richter, Lichtenberger u. a. ahnen lassen; Lou Andreas-Salomé hat in ihrer Darstellung vielfach das Zutreffende gefunden. Die Bemerkung Nietzsches, daß seine Philosophie in nuce fertig gewesen sei, als er 1876 die Bekanntschaft Rées gemacht habe, welche briefliche Mitteilung überall in Nietzsche-Biographien floriert, muß deswegen mit Vorsicht aufgenommen werden, weil Nietzsche die Bekanntschaft Rées zwei Jahre früher (1874) gemacht hat; letzterer hat auch Nietzsche lange vor 1876 den Quellwassererzeuger seines fernern Schaffens genannt. Rée war das böse Prinzip, das zwischen Nietzsche und Wagner trat; mit dem Ausdrucke „Wanze", mit dem ihn Wagner belegte (siehe Abschnitt Sorrent), sind wir durchaus einverstanden; wir möchten hinzufügen: Bei Paul Rée würde sich das ereignen, was Wagner von Nestroy, dem Dichter der Tannhäuser-Parodie sagte, daß, wenn der an einer Rose riechen würde, diese notwendig stinken müßte.

Noch einmal leuchtete der Stern der Freundschaft in Nietzsches „Wagner in Bayreuth", dann kam die Trennung. Nietzsche schwamm im Fahrwasser Rées, das Aphorismenbuch „Menschliches—Allzumenschliches" enthielt die entgegengesetzten Prinzipien zu Wagners Kunst- und Weltanschauungen. Wohl war Nietzsche auch deshalb über Bayreuth enttäuscht, weil er mit Wagner eine gemeinsame Kulturmission erhoffte (siehe Abschnitt Persönliches), eine Hoffnung, die sich nicht realisieren konnte. Verstimmungen, nicht zum mindesten auf musikalischem Gebiete, trugen zur Lockerung des Freundschaftsbündnisses bei. Dabei wirkte aber jedenfalls noch ein anderes persönliches Moment mit:

Wir fanden, wie gesagt, in den Abschnitten III, IV und V eine Anzahl von Briefen der Frau Cosima an Nietzsche, aus denen die Bewunderung dieser Frau für Nietzsche spricht; wir ersahen aus Briefen an Freunde und an Wagner und aus Aufzeichnungen Nietzsches, wie dieser Verkehr auf ihn wirkte, wie, während des Aufenthaltes in Triebschen, auf der Insel der Glückseligen Wagner das Sakrament der freien Liebe im „Siegfried“ vertonte. Wir ersahen aber auch aus den Aphorismen des XIII. und XIV. Bandes NW., aus der Bemerkung in „Ecce homo“ und aus den Wahnsinnszetteln bezüglich Ariadne, wie sehr Nietzsche jene Erlebnisse zur Cosimavision geworden waren; im Aphorismus der „Götzendämmerung“ nennt er sich selbst der philosophische Liebhaber der Ariadne (Ariadneabschnitt). In der „Klage der Ariadne“ wird Ariadne vom grausamen Jägergotte, dem Immoralisten Dionys gejagt als Strafe für das von ihr veranlaßte Parsifalkunstwerk, das die biologische Gefahr, die Lebensverneinung verherrlicht, und für den von ihr verschuldeten Übertritt des ehemaligen Atheisten und Immoralisten Richard Wagner zur christlichen Phase. Dazwischen traten, wie erwähnt, stets auch in Triebschen seelische Leiden Nietzsches auf; in ihrer Absage bezüglich „Menschliches—Allzumenschliches“ spricht Frau Cosima davon, daß Nietzsche durch moralisch Bedenkliches seinen innern Zustand dokumentiert habe; sie nennt seine Organisation eine zersetzte (Abschnitt Aphorismenbuch). Aber dieses Aphorismenbuch erschien erst im Frühjahr 1878, während der hochwichtige Brief Wagners über Nietzsche an den Arzt Dr. Eiser aus dem Jahre 1877 stammt (Ariadneabschnitt). Wenn Raoul Richter daher der Welt verkündet, daß der Abfall Nietzsches von Wagner eine tragische Schuld, das Motiv der Liebe zur Wahrheit gewesen sei, so haben wir insofern berechtigte Zweifel darein zu setzen, als wir der Überzeugung sind, daß das Hauptmotiv der Trennung Nietzsches von Wagner nicht die tragische Schuld Nietzsches wegen veränderter Kunst- und Weltanschauung gewesen ist, sondern daß sie eine Cosimaschuld war; hier hat die Cosimavision Nietzsches ihre Rolle gespielt.

In Bayreuth heißt es, Nietzsche sei wahnsinnig gewesen,

als er sich von Wagner getrennt habe. „Wahn bricht Treue", diesen Satz hat Chamberlain geprägt, und sowohl aus dem Ariadne-, als dem Parsifalverdikt - Abschnitte könnte psychologisch das Rätsel gelöst werden. Immerhin kann man sich nicht verhehlen, daß, wenn Paul Möbius, der in seinem vor zehn Jahren erschienenen Werke über Nietzsche die ersten Anzeichen der Gehirnerkrankung auf 1881 festsetzt, die seither veröffentlichten Briefe Wagners an Nietzsche und an Overbeck gekannt, und den Bruch überhaupt in gegenwärtiger Beleuchtung ersehen hätte, er vermutlich diesen Termin um acht bis zehn Jahre früher verlegt haben würde; nach diesen Briefen (Abschnitt Persönliches) müssen sich doch zu Beginn der siebziger Jahre in Triebschen und dann auch in Bayreuth (vergl. Abschnitt VI) seelische Störungen bei Nietzsche stetsfort gezeigt haben.

Als Nietzsche sich dann seine Philosophie der Umwertung aller Werte aufbaute, und den Kampf gegen Mitleiden und Lebensverneinung, Modernität und Romantik führte, ersah er im Parsifal den Todhaß auf alle Erkenntnis, und bekämpfte in den Schriften des Jahres 1887 dieses Kunstwerk, das die von Wagner gepredigte Verschwisterung der Kunst mit der christlichen Religion verherrlichte (Abschnitt Parsifalverdikt). Wagner hat sich zwar in diesem Kunstwerke auf die Lehre Schopenhauers gestützt, daß der Kern des Christentums und des Buddhismus der nämliche ist (Abschnitt Regeneration); aber in bezug auf Asketismus, auf die hauptsächlichsten Symbole, auf die Verpönung der Sinnlichkeit und die Verherrlichung der absoluten Keuschheit, durch welche letztere man nach Schopenhauer allein die Siegerkrone erhält, weil die Beobachtung einer ewigen Keuschheit um Gottes Willen im Katholizismus an sich das höchste Verdienst des Menschen ist, und die immerwährende Keuschheit eine göttliche, himmlische und engelhafte Tugend genannt wird, ist das Kunstwerk im wesentlichen katholisch, wobei auch in bezug auf die Musik ein Zweifel nicht obwalten kann. Wagner hatte gleichzeitig in einer Anzahl von Schriften, welche Kunst und Religion betreffen, über seine Umkehr keinen Zweifel übrig gelassen. Das Kunstwerk Parsifal, das die Lebensverneinung zum Ziele hat, ist eine große Gefahr für die Entwicklungslehre, für die gesamte Biologie, und Nietzsche als biologischer Moralist hatte den Vernichtungskrieg gegen den Schöpfer desselben geführt. Wagner war aber in diese Phase durch die katholischen Instinkte seiner Gattin getreten. Mit diesem Kunstwerke und der Religions- und Regenerationsepoche wollte Wagner nicht nur seine Revolutionszeit, sondern auch seinen Atheismus und Immoralismus ausgelöscht und durchgestrichen wissen. — Als im Jahre 1886 in seinen Schriften sich Nietzsche mit Wagner als Parsifalschöpfer beschäftigte, hat er auch die Klage des Zauberers aus Zarathustra in die „Klage der Ariadne" verwandelt, um sich für die Mitverantwortlichkeit für Parsifal an Cosima zu rächen; der Immoralist Dionysos verfolgt in wilder Jagd Ariadne-Cosima, die für die gesamte christliche Phase Wagners die Verantwortung und für die Tat des Kunstwerkes Parsifal die tiefe Verschuldung trägt. — Nietzsche ließ es aber bei seinem Parsifal-Verdikt nicht bewenden, der Haß gegen Wagner wurde so furchtbar, das Ressentimentgefühl bei Nietzsche wurde so ungeheuer lebendig, daß er, fünf Jahre nach Wagners Tode, aus Rache um jeden Preis vor dem Pamphlete „Der Fall Wagner" nicht zurückschreckte. —

Nietzsche hat gesagt, daß ihn der Atheismus zu Schopenhauer und Wagner hingezogen habe. Zwar hat Raoul Richter in der II. Auflage seines Werkes über Nietzsche die Behauptung gewagt: Die Wertordnung Nietzsches ist letzten Endes Religion und seine Wertlehre letzten Endes Religionsphilosophie; er will mit Schleiermacher unter letzterer jede gefühls- und willensmäßige Stellung zum Zusammenhange alles Seienden verstanden wissen. Allein abgesehen davon, daß heute unter diesem Begriffe die Historie in bezug auf kirchlich-kultische Organisation und auf Abhängigkeit der Welt von der Gottheit verstanden wird, hat bekanntlich

Schleiermacher den Satz aufgestellt: Die Philosophie hat mit der Religion gemein das Wissen von Gott, während Nietzsche von seiner Schopenhauerperiode an bis zu seiner geistigen Umnachtung dem Wahrspruche Schopenhauers nachgelebt hat, den dieser in einem bei Schleiermacher gehörten Kolleg über Geschichte der Philosophie zu Schleiermachers Ausspruch: Philosophie und Religion können nicht ohne einander bestehen; keiner kann Philosoph sein, ohne religiös zu sein, und umgekehrt muß das Religiöse sich wenigstens die Aufgabe der Philosophie machen! — entgegengesetzt hat: „Keiner, der religiös ist, gelangt zur Philosophie, er braucht sie nicht; keiner, der wirklich philosophiert, ist religiös, er geht ohne Gängelband gefährlich, aber frei!“ Aus Nietzsches „Antichrist“ geht aber auch zur Genüge sein Haß nicht nur gegen die Kirche, sondern auch gegen die Religionsphilosophie hervor. —

Der um dreißig Jahre als Wagner jüngere Nietzsche trachtete sich in der Folge beständig zu wandeln: „Nur wer sich mit mir wandelt, der ist mir verwandt!“ Und er wandelte sich zur Wiederkehr alles Gleichen! Ja, sagte er zu Lou Salomé, so beginnt der Lauf, und wird fortgesetzt, bis wohin? Wenn alles durchlaufen ist, wohin läuft man alsdann; wenn alle Kombinationsmöglichkeiten erschöpft wären, was folgte dann noch; wie, müßte man nicht wieder beim Glauben anlangen, vielleicht bei einem katholischen Glauben? in jedem Falle könnte der Kreis wahrscheinlicher sein als der Stillstand! (A. 49.) — In diesen Wandlungen war seine große Schöpfung der Übermensch; aber welche Wandlungen hatte auch er zu bestehen: man kann nicht weniger als acht Übermenschenstadien unterscheiden. 1. Der Übermensch noch unbestimmt in allgemeinen Lehren (Zar. I 1882/83). 2. Übermensch und höhere Rasse in aufsteigender Linie in Darwinschem Sinne (Zar. II—IV 1883/85). 3. Der Übermensch als durch Glücksfälle entstanden (Sommer 1885), und wissentliche Züchtung nicht als Rasse, sondern als Ganzes zur

Erdregierung nach Darwin (Sommer 1886, Zeit von „Jenseits von Gut und Böse“ und „Genealogie der Moral“). 4. Wissentliche Züchtung einer stärkern Art nach Darwin; der Übermensch durch Glücksfälle wiederholt (NW. Bd. XIV, 1886/87). 5. Züchtung einer stärkern Art, in Abbiegung von Darwin (Frühjahr 1888). 6. Gänzliche Abkehr von Darwin (Sommer 1888); Wiederholung der Übermenschenart durch Glücksfälle im „Antichrist“, aber ohne Darwin zu berühren. 7. Der Übermensch als Typus der großen Gesundheit geschildert in „Ecce homo“. 8. Der Übermensch lediglich als Zarathustra, verkörpert in Nietzsche („Ecce homo“ und „Götzendämmerung“); Mittag, Augenblick des kürzesten Schattens, Ende des längsten Irrtums, Höhepunkt der Menschheit, incipit Zarathustra; ich, Zarathustra, bin die Welt! — Nietzsche hatte in Zarathustra die Selbstvergottung gefunden. Aber Zarathustras erlösende Welttat wird, wie Lou Salomé sagt, Nietzsches Untergang. Nietzsche ging in den Urgrund des Lebens ein, der sich in seinem Dasein darstellte als die dunkle Tiefe des Wahnsinns. (A. 248.) Also geschah es, daß Zarathustra unterging! —

Aber Nietzsche wurde auch Dionysos, der Gott der Verheißung des Lebens, mit dem ewigen Willen zur Zeugung, zur Fruchtbarkeit, zur Wiederkehr, als beständiger Schöpfer in seiner Sinnlichkeit, Grausamkeit und Schönheit. „Ich bin bei weitem der furchtbarste Mensch, den es bisher gegeben hat: ich kenne die Lust am Vernichten in einem Grade, die meiner Kraft zum Vernichten gemäß ist; in beidem gehorche ich meiner dionysischen Natur!“ sagt Nietzsche von sich selbst in „Ecce homo“. Und als Dionys wurde ihm das Wagnererlebnis zur Vision der Dionysosbraut. Am Schlusse in der „Klage der Ariadne“ erscheint Dionys in smaragdner Schönheit! — „Ariadne, ich liebe dich!“ war sein letzter Scheidegruß, nachdem die Vision sich zur Hochzeit des Dionysos mit Ariadne verdichtet hatte.

An der Schwelle seines großen Werdens stand Nietzsche vor dem „flüchtigen Wunderwerke“ „Tristan und

Isolde": Wohin nun Tristan scheidet, willst du, Isold', ihm folgen?! — Dort ist Nirwana das Reich des göttlichen Urvergessens, wo Tristan und Isolden im Weltenvergessen ewige Liebeswonne lacht. Im Mittage seines Lebens erschaute Nietzsche in Cosima Wagner die wunderbarste Frau seines Daseins, und die Trennung von Wagner und seiner Gemahlin vermochte jene einzigen goldenen Erinnerungen nicht zu verwischen. Aber Tristans Liebesreich der Weltennacht hatte sich Nietzsche in das „Jenseits von Gut und Böse" verwandelt, worin Dionysos das ewige Werden der Welt diktiert, die ewige Verheißung des Lebens garantiert. Und wie er im Herannahen ewiger Umnachtung zurückblickte auf jenes großartigste aller Erlebnisse, das ihm im Wagnerfreundschaftsbunde geworden war, da verhieß Nietzsche-Dionysos der Cosima-Ariadne an seiner Seite die ewige Vergöttlichung ihres Leibes und Geistes. Und selbst nach der Katastrophe, als die Reste seines Feuergeistes verglommen, war ihm von aller Wagnerliebe, von aller Wagnerkunst und -Kultur, von aller Triebschener und Bayreuther Herrlichkeit noch das eine übrig geblieben als die Inkarnation alles seines großen Sehnens: „Ariadne, ich liebe dich!"

— — — — — — — — — — — — — — — — — — — —

Und wenn der Verfasser vorliegender Arbeit aus der siebenten Einsamkeit zurückblickt, welche Ähnlichkeit mit dem Schicksal des Philosophen Nietzsche auch in bezug auf die Frauengestalten in Bayreuth! Auch der Verfasser dies, der sich sagt: Gott ist tot! suchte in Bayreuth in einer Frauengestalt das Göttliche, auch er versuchte die Vergöttlichung; aber er sah sie nicht, wie Nietzsche, in der großen Frau selbst, sondern, wie er in der Vorrede andeutete, in ihrer und des Bayreuther Meisters Tochter. — Wolfgang Golther (Rostock) hatte in einer Kritik gegen den Verfasser dies den Vorwurf erhoben, daß er in seiner Neigung verworren zwischen Wagner und Nietzsche einherschwanke. Die Antwort geht dahin, daß durch die Exkommunikation seitens der hohen Frau mir gegenüber ich an meinem Schicksal wie an einer offenen Wunde leide! Aber das tiefe Leiden ist verklärt durch die alleridealste Verehrung, durch meine Vergöttlichung jener Frauengestalt, die mir als Evavision unabwendbar zur Fatalität, zum Fatum, zum Schicksal, zum Verhängnis geworden ist.

Zeitfracht Medien GmbH
Ferdinand-Jühlke-Straße 7
99095 Erfurt, Deutschland
produktsicherheit@kolibri360.de

Druck:
CPI Druckdienstleistungen GmbH
im Auftrag der
Zeitfracht Medien GmbH
Ein Unternehmen der Zeitfracht - Gruppe
Ferdinand-Jühlke-Str. 7
99095 Erfurt